華城

東方廣場

WUNDERBARES

CHINA

Text von

Nigel Cameron

KÖNEMANN

Originalausgabe 1997 erschienen bei China Travel and Tourism Press in Zusammenarbeit mit Hugh Lauter Levin Associates, Inc.

Originaltitel: *Spectacular China*

DESIGNER: Dana Levy
KARTE: Fu Mali

FOTOGRAFEN: Yu Nin, Ma Zhongyi, Wang Wenpo, Wang Dajun, Wan Jianjun, Wang Chengyou, Wang Fuchun, Wang Deying, Che Fu, Che Gang, Bian Zhiwu, Niu Bendong, Niu Songlin, Bai Liang, Ren Guoen, Ren Jing, Lü Daqian, Lü Tongju, Lü Linglong, Liu Dajian, Liu Weixiong, Liu Xiaofan, Sun Chengyi, Qi Yun, Xing Dongwen, Xu Jinghui, Li Changjie, Li Jie, Li Chunsheng, He Shirao, Tong Hualing, Wu Hong, Yan Zhongyi, Zhang Yan, Zhang Yongfu, Zhang Feng, Zhang Zhengguang, Zhang Zhaoji, Zhang Dexiang, Chen Shubo, Chen Jin, Chen Donglin, Chen Keyin, Chen Jianxing, Yang Yin, Zheng Kejun, Zheng Xian, Zhou Qinjun, Zhao Zhonglu, Zhao Chengan, Hu Chui, Hu Weibiao, Yao Tianxin, Jiang Jingyu, Jiang Jiang, Qin Xiaoping, Gao Mingyi, Yuan Xuejun, Yuan Lianmin, E Yi, Gong Weijian, Huang Fuwang, Dong Ruicheng, Xie Xinfa, Meng Zi, Tan Ming, Zhai Dengfeng, Zhai Wenbin, He Zhaoxin.

ÜBERSETZUNG AUS DEM ENGLISCHEN: Diethelm Hofstra
REDAKTION: Elke Eßmann im Auftrag der
W. A. S. Media Productions GmbH, Hamm
SATZ: Petra Comtesse,
W. A. S. Media Productions GmbH, Hamm
HERSTELLUNGSLEITER: Detlev Schaper
DRUCK UND BINDUNG: Sing Cheong Printing Co. Ltd.
PRINTED IN HONG KONG / CHINA

ISBN 3-8290-1076-1

INHALT

S.1: Aufsteigende Wolken und Dunstschleier umhüllen die Gipfel des Huangshan, des „Gelben Gebirges" in der Provinz Anhui.

S.2–3: Die Longsheng-Terrassen in Guangxi bieten einen Blick auf intensive Reiskultur. Zwei von der Natur gegebene Voraussetzungen veranlaßten die Menschen seit frühester Zeit, Terrassen anzulegen: das Vorhandensein fruchtbaren Bodens im Hügelland und der Mangel an ebenen Flächen. Es bedarf keiner besonderen Vorstellungskraft, sich den enormen Arbeitsaufwand vor Augen zu führen, mit dem diese Felder geschaffen wurden und jahraus jahrein gepflegt werden. Jeder Zentimeter Boden ist kostbar. Dörfer zwängen sich auf engstem Raum zusammmen, und Raum für Freizeitaktivitäten ist nicht vorhanden. Allerdings ist auch die Freizeit selbst eine Mangelware. Im Kreislauf der Jahreszeiten gibt es immer etwas zu säen, zu pflegen, zu bewässern oder einzubringen – während die nächste Aussaat bereits vorbereitet wird.

S.4–5: Der Li-Fluß (Lijiang) windet sich zwischen den schroffen Karsthügeln aus Kalkgestein hindurch, die der Landschaft um Guilin ihr charakteristisches Gepräge geben. Einst reichte das Meer bis hierher, doch die Erdkruste hob sich und drängte es zurück. Zurück blieben die bizarren Karstkegel, die sich im Lauf von Jahrmillionen durch Erosion rundeten.

Hier paddelt ein Fischer mit seinem bleistiftdünnen Boot über den träge dahinfließenden Wasserlauf – eine Szene, die keine Phantasie schöner gestalten könnte.

S.6–7: Im Kreis Yi der Provinz Anhui hat sich im Lauf der Jahrhunderte nicht sehr viel verändert: dicht zusammengedrängte Häuser mit dunklen Ziegeldächern, schmale Gassen, Töpfe aus heimischer Produktion und alte Körbe, am Dorfteich hockende Frauen – dieses Bild hätte man so schon vor tausend Jahren sehen können. Die roten Papierstreifen an den Türen tragen glückverheißende Sprüche; sie werden jedes Frühjahr zum chinesischen Neujahrsfest angebracht. Nur die Fernsehantennen passen nicht in diese zeitlose Szene.

S.8–9: Nur wenige Kilometer von der früheren Grenze zu Hongkong entfernt, ist in einer Wirtschaftssonderzone die Stadt Shenzhen aus dem Boden gewachsen. In nur wenigen Jahren haben die Chinesen mit dem ihnen eigenen Fleiß eine lebendige Industriestadt entstehen lassen.

S.10–12: Die Große Mauer windet sich über die Höhenrücken Nordchinas. Mit ihrem unverwechselbaren Aussehen prägt sie die Landschaft über weite Strecken ihres Gesamtverlaufs.

S.14: Der Gelbe Fluß fließt zu ungefähr einem Drittel seiner Länge durch eine weite Ebene. Hier mußte das Flußbett über große Strecken durch starke Dämme befestigt werden, so daß das Flußniveau bei hohem Wasserstand über dem der Uferbereiche liegt. Der mächtige Strom hat seinen Lauf in den vergangenen 3000 Jahren über fünfzehnmal beträchtlich verlagert. Oft wurde er als „Chinas Sorgenkind" bezeichnet, denn die alljährlichen Überflutungen forderten im Laufe der Jahrhunderte Millionen Menschenleben.

EINLEITUNG

China gehört zu den größten Ländern der Welt. Mit einer Ausdehnung von 9 562 025 km² ist es nahezu 200 000 km² größer als die USA. Und mit 1,2 Milliarden Menschen stellt es die Einwohnerzahl der Vereinigten Staaten, die derzeit bei etwa 250 Millionen liegt, weit in den Schatten. Eine weitere verblüffende statistische Ziffer rundet das Profil ab: Nur ein Drittel der chinesischen Landmasse ist für die Landwirtschaft nutzbar.

Die Geschichte der chinesischen Nation begann vor etwa 5000 Jahren auf relativ kleinem Raum im Stromgebiet des Gelben Flusses. Um 1000 v. Chr. hatte sich der Herrschaftsbereich bereits mehr als verdreifacht, und hatte in dieser Größe noch ein knappes Jahrtausend später Bestand, als der selbst ernannte „Erste Kaiser" Qin Shi Huang regierte. Zu jener Zeit war bereits der größte Teil des kultivierbaren Landes einer zentralen Verwaltung unterstellt. In den Jahren der Tang-Dynastie (618–906 n.Chr.) wurden dem Reich weite Landstriche im Nordwesten einverleibt, die landwirtschaftlich jedoch kaum nutzbar waren. Unter der Regierung späterer Dynastien kamen für die Felderwirtschaft geeignete Landstriche hinzu, doch die meisten Bodengewinne waren Steppe, Hochland und andere nur minimal ertragreiche Grenzgebiete.

Die historischen Quellen, die in aller Klarheit Auskunft über Ereignisse geben, die mehr als 3000 Jahre zurückliegen, versetzen uns in die Lage, die Leistungen des chinesischen Volkes angemessen zu würdigen, das sich mit Fleiß und Einfallsreichtum durchzusetzen wußte. Schon vor langer Zeit entstand ein kaiserliches Prüfungssystem für Beamte und Minister. Die Regeln für dieses Ausleseverfahren waren bereits Anfang des 7. Jahrhunderts verbindlich formuliert. Das Wesen des chinesischen Volkes prägte sich im Laufe der folgenden entbehrungsreichen Jahrhunderte heraus, in denen es sich in einer harten Umwelt behaupten und Zeiten des Umbruchs, der Unordnung, des Hungers und des Krieges überstehen mußte.

Um die chinesische Kultur besser verstehen zu können, muß man den Naturraum betrachten, in dem dieses Volk seit Urzeiten lebt. „Faszinierend" wäre ein passendes Wort, wenn man die einzigartige Vielfalt der chinesischen Landschaften oder auch nur die nähere Umgebung der zwei großen Ströme, des Gelben Flusses und des Yangtze, beschreiben wollte, die sich durch weite Teile des Landes winden. Ebenso mächtig wie Ägyptens Nil, haben auch sie im Laufe der Geschichte tiefgreifenden Einfluß auf das Schicksal der Menschen genommen. Aus der Notwendigkeit, die Flüsse zu kontrollieren und die Wasserversorgung für die Landwirtschaft sicherzustellen, wurden schon früh zahlreiche Erfindungen im Bereich des Wasserbaus geboren. Um zu verhindern, daß Wind und Regen den fruchtbaren gelben Lößboden in der Uferregion und in der Umgebung des Gelben Flusses rauben, und um Feldfrüchte anzubauen und zu bewässern, wurden die Hügel aus gelber Erde in mühevoller Kleinarbeit terrassiert und mit ausgeklügelten Bewässerungssystemen ausgestattet.

In ihrem ungeheuer weiten Land, in dem die Natur einer geregelten Kommunikation beträchtliche Hindernisse entgegensetzt, ordneten die Chinesen bereits vor der Zeitenwende die Vereinheitlichung der Achsenbreite für Fuhrwerke an, so daß alle Wagen die gleichen Spurrillen der Wege benutzen konnten. Und mit ihren Erfindungen im Bereich der Schifffahrt – der Bau von Steuerrudern, Mästen,

Segeln und wasserdichten Schiffsräumen sowie vor allem die Erfindung des Kompasses – entwickelten sie bereits viele Jahrhunderte vor deren Neuentdeckung im Westen die Grundlagen der nautischen Technik.

Die grandiose Vielfalt der chinesischen Landschaften, die klimatischen Bedingungen und die Fruchtbarkeit der Böden sowie die Vorkommen nutzbarer Bodenschätze wurden über Jahrhunderte hinweg erforscht, und die Ergebnisse wurden niedergeschrieben. Das im Westen lange bestehende Bild von China als einer wundersamen Zivilisation in einer fremdartigen Welt, hat sich nach gründlicher Erforschung der historischen chinesischen Quellen zum größten Teil als Mythos entpuppt.

Chinesische Denkweisen zeichnen sich durch große Wirklichkeitsnähe aus. Gleiches gilt für die chinesische Dichtung. In der chinesischen Malerei sind reale Landschaften, die in der westlichen Kunst erst im 18. Jahrhundert als Motiv entdeckt wurden, seit mindestens 2000 Jahren ein zentrales Thema. Die Naturdarstellungen zeigen vor allem die grandiosen Berglandschaften (und selten besiedeltes oder bewirtschaftetes Land), um auf die Kraft, Erhabenheit und Größe der Natur aufmerksam zu machen, nach deren Geboten der Mensch leben, denken und handeln muß. Diese Grundeinstellung ist in fast allen Bereichen des chinesischen Denkens und Handelns wirksam – von der Philosophie bis hin zu den gesellschaftlichen Umgangsformen oder der Art und Weise, die Saat in der Erde heranzuziehen und zu ernten.

Die chinesische Feudalgesellschaft war von der Überzeugung geprägt, daß der beste Weg fast immer ein Weg des Kompromisses ist. Das Konzept des Yin und Yang – die Überzeugung, daß polare Kräfte in ein Gleichgewicht gebracht werden müssen, da sie sich naturgemäß ergänzen – wirkte im alten China als schöpferische Kraft. Es mag die Betrachtung der Größe und extremen Vielfalt der natürlichen Struktur ihres Landes gewesen sein, die den großen chinesischen Weisen das Konzept der Komplementarität von Yin und Yang eingab. In einem unendlich weiten Land von extravaganter Schönheit, – beglückend und beängstigend zugleich – war diese typisch chinesische Sichtweise ein wichtiges Instrument, das der Geschichte des Landes den Weg durch die Zeiten gewiesen hat.

Im Gegensatz zur westlichen Geschichte ist die chinesische Vergangenheit nicht von Religionskriegen und Intoleranz geprägt. Die Lehren des Buddhismus, die sich vor nahezu 2000 Jahren in China ausbreiteten, trafen mit bereits tief verwurzelten heimischen Philosophien zusammen – dem Konfuzianismus und dem Daoismus. Daraus entstanden jedoch keine gewalttätigen Konflikte, sondern es kam zu einer allmählichen Verschmelzung oder zumindest einer gegenseitigen Akzeptanz.

Lange vor dem Westen erfanden Chinesen Explosivstoffe, doch man nutzte sie nur für Feuerwerke, um böse Geister zu vertreiben oder denkwürdige Anlässe zu feiern. Die Schußwaffe erfanden die Chinesen nicht – diese Verwendung von Explosivstoffen blieb ihnen unbekannt, bis westliche Mächte ins Land kamen.

Die chinesische Geschichte erlebte zahlreiche Grenzkonflikte, doch die Freunde und Verwandten der hohen Beamten und Kommandanten, die ihre Pflicht fern von zu Hause erfüllen mußten, wußten immerhin, daß keine großen, gefährlichen Ozeane sie von ihren Angehörigen trennten – die Männer befanden sich im fernen Westen oder Nordwesten des Landes, wo sie an neuen Grenzen chinesischen Boden gegen Feinde auf der anderen Seite der Großen Mauer zu verteidigen hatten.

Chinas berühmteste Dichterin, Li Qingzhao (1081–1140), beschrieb eindringlich die Gefühle der Ehefrau eines Beamten: „Gedanken wühlen die nutzlosen Stunden auf. / Wo mag er jetzt sein? / Üppiges Gras schießt zum Himmel empor / und trotz Sehnsucht ist der Heimweg versperrt." Nicht Wellen sind es, sondern Grasflächen, die sie von ihm trennen.

Jede Dynastie trat ihre Epoche mit dem Anspruch an, den Geist des chinesischen Staates und Volkes erneuern zu wollen, und doch hielten sie alle an der traditionellen chinesischen Form der Staatsführung fest. Was in allen Epochen als rechter Weg der Staatsführung gegolten hatte, blieb im Grunde unwidersprochen. Das kaiserliche System mit seiner pyramidenförmigen Führungs- und Verantwortungskette wurde als Ideal niemals in Frage gestellt. Sogar die aus dem Nordwesten eingedrungenen Mandschu übernahmen den traditionellen Staatsapparat, nachdem sie die glorreiche Ming-Dynastie gestürzt und die Qing-Dynastie etabliert hatten. Schon bald schrieben Mandschu-Kaiser Gedichte im chinesischen Stil oder malten Bilder nach dem Vorbild der großen chinesischen Künstler. Und auch sie sandten ihre Armeen an die Grenzen, um die „Barbaren" jenseits der Großen Mauer, die mit lüsternen Blicken nach der selbstgenügsam in sich ruhenden chinesischen Zivilisation schielten, zurückzuschlagen.

Die Fotografien auf den folgenden Seiten, die die faszinierende Vielfalt und grandiose Schönheit von Chinas Natur- und Kulturraum zeigen, sind mit Begleittexten versehen, die Einblick in Lebensweise, traditionelle Herrschaft, Glaubensvorstellungen und einige herausragende Leistungen des chinesischen Volkes geben. Beide Aspekte – der Naturraum und die Entwicklung der chinesischen Zivilisation – scheinen eng miteinander verflochten zu sein. In diesem Sinne waren für die geschichtliche Entwicklung des Landes in mancherlei Hinsicht auch Chinas besondere Lage im geographischen Umfeld und die Beziehungen zu den Nachbarstaaten von Bedeutung.

Im Westen dehnen sich die Steppen und Wüsten Zentralasiens aus, die nur spärlich von Nomaden und anderen Völkern besiedelt waren. Strikt getrennt von China erblühte hinter der gewaltigen Himalayakette die alte Kultur Indiens. Im Süden schrieben Thailand und andere bedeutende Reiche Geschichte, und noch weiter südlich erstreckt sich mit Tausenden von Inseln Indonesien. Stark von der indischen Kultur und deren Glaubensvorstellungen beeinflußt, entwickelten sich all diese Reiche sehr unterschiedlich zu China. Im Osten liegt Japan, das seinen Weg seit der Tang-Dynastie (618–906) zum Teil nach chinesischem Vorbild ging.

China hatte das Privileg, mehr oder weniger ungehindert einen eigenen, tief in der Tradition verwurzelten Weg in die Zukunft zu beschreiten. Dies gelang in der Abfolge der Dynastien auf den meisten Gebieten der menschlichen Errungenschaften mit großem Erfolg. Als die Macht der Qing im 19. Jahrhundert allmählich zu zerbröckeln begann – ein Schicksal, das auch die früheren Dynastien ereilt hatte – schien es nur eine Frage der Zeit zu sein, bis eine neue chinesische Kraft erstehen und die Macht an sich reißen würde. Doch es erschienen Eindringlinge mit ganz anderen Vorstellungen: Der aggressive Westen streckte mit seinen Handelsflotten und Armeen die Hand nach China aus. China aber hatte kaum Erfahrung im Umgang mit Fremden. Man war lediglich an Händler aus den Gebieten jenseits der eigenen Grenzen gewöhnt, zu denen in eher kleinem Umfang wirtschaftliche Kontakte bestanden. Das Land besaß keine nennenswerte Verteidigungsstruktur. So konnte der Westen mit militärischem Druck und einer aggressiven Handelspolitik seit Anfang des 19. Jahrhunderts einen immer stärker werdenden Einfluß auf die chinesische Gesellschaft ausüben. Ende des 19. Jahrhunderts nahmen die Chinesen, die ihre nationalen Interessen bedroht sahen, den beharrlichen Kampf gegen die aggressiven Fremdmächte auf. Erst 1949 aber gelang es der Regierung der Volksrepublik China, das Reich wieder zu vereinen – in einer vollkommen anderen Form und mit völlig neuen Leitlinien.

CHINAS ANTIKE SCHÄTZE

DEN ARCHÄOLOGISCHEN BEWEIS FÜR frühes menschliches Leben in China liefern Knochen und einige Zähne des Lebewesens, das unter dem Namen „Pekingmensch" bekannt geworden ist. Der Pekingmensch lebte vor etwa einer halben Million Jahren in einer Höhle unweit der Stadt Zhoukoudian. 1926 wurden zunächst Zähne gefunden – unter anderem ein menschlicher Backenzahn –, und in den folgenden Jahren wurden Schädelteile und unvollständig erhaltene Knochen freigelegt. Insgesamt dürften die Überreste zu etwa 40 Individuen gehört haben. An gleicher Stätte wurden verschiedene Feuerstellen, einige grob behauene Werkzeuge und Stücke von Tiergeweihen gefunden. Fossilien deuten darauf hin, daß sich der Pekingmensch offensichtlich von Fisch sowie von Knochenmark, das er aus zertrümmerten langen Knochen herausschürfte, ernährte. Spezialisten schlossen aus diesen Hinweisen, daß der Pekingmensch ein Zeitgenosse von anderen frühen Menschen in Südostasien war, deren Existenz ebenfalls durch Knochenfunde belegt ist.

Während der nächsten 500 000 Jahre aber entwickelte sich aus dem Pekingmenschen eine Rasse, die sich von anderen asiatischen Rassen stark unterscheidet. Auch ist die chinesische Zivilisation mit keiner anderen zu vergleichen. Es waren die alten Chinesen, die als erste ein Schriftsystem entwickelten, um miteinander zu kommunizieren. Selbst in seiner frühesten Form ist es bis heute lesbar, und auch im 20. Jahrhundert ist es noch das gültige Kommunikationsmittel im Alltag Chinas.

Bereits die frühen chinesischen literarischen Schriften und Kunstwerke lassen außergewöhnliche Fähigkeiten und Einfallsreichtum erkennen. Schon die ältesten Bronzefiguren zeichnen sich durch die Lebendigkeit der Darstellung und vorzüglich gewählte Proportionen aus. Auch die frühesten handgefertigten Objekte sind von verblüffender Eleganz und Feinheit. Zur Zeit des Ersten Kaisers Qin Shi Huang (ab 221 v. Chr.) hatte die bildende Kunst einen Perfektionsgrad erreicht, der sich im figürlichen Ausdruck mit den besten Kunstwerken aus der Blütezeit des klassischen Griechenlands vergleichen läßt. Die Kunstwerke der Qin-Dynastie sind aber keinesfalls das Ergebnis eines plötzlichen Ausbruchs

an Genialität, sondern der Höhepunkt einer steten Entwicklung. Um sie angemessen würdigen zu können, muß man einen Blick auf das beachtenswerte Werk der vorangegangenen 1000 Jahre werfen, das in Bronze, Stein, Holz und Keramik erhalten ist.

Die zufällige Entdeckung der Terrakotta-Armee, die in militärischer Formation den Grabhügel des Qin-Kaisers bewacht, erregte weltweit ein so großes Aufsehen wie vorher nur die Entdeckung der Pharaonen-Gräber im Tal der Könige. Diese mindestens 8000 Mann starke Armee aus lebensgroßen Terrakotta-Figuren mit Waffen und Streitwagen, die von äußerst lebensnah gestalteten Pferden gezogen werden, ist für die chinesische Kunst im besonderen und für die Entwicklungsgeschichte der Skulptur im allgemeinen einzigartig. Schon alleine die Anzahl der Tonfiguren ist verblüffend. Noch bemerkenswerter aber ist die Tatsache, daß alle diese Männer mit in Ton modellierter Lederrüstung, die wie auf einem Paradeplatz in fester Anordnung stehen oder knien, vor 2000 Jahren von ihren Schöpfern mit individuellen Gesichtszügen ausgestattet wurden – jedes Modell ist eine Skulptur für sich.

Die Ausgrabungen sind noch längst nicht abgeschlossen. Es wird vermutet, daß an allen vier Seiten des kaiserlichen Grabhügels weitere Tonarmeen verborgen sind. Aus den historischen Aufzeichnungen des Sima Qian, der im 1. Jahrhundert v. Chr. lebte, geht hervor, daß über 700 000 Zwangsarbeiter am Bau der Grabkonstruktion beteiligt gewesen waren – eine Zahl, die auf den ersten Blick übertrieben erscheint, jedoch glaubwürdiger wird, wenn man die Armee mit eigenen Augen gesehen hat. Die Arbeiter „gruben durch drei unterirdische Wasseradern, die sie abschnitten, indem sie Bronze hineingossen, um so die Grabkammer errichten zu können. ... Sie füllten sie mit kostbaren Geräten, Edelsteinen und wunderbaren Raritäten. Handwerker wurden beauftragt, mechanische Armbrüste zu konstruieren", die auf jeden schießen, der in das Grab einzudringen versucht.

Es gibt viele Spekulationen darüber, was weitere Ausgrabungen ans Tageslicht bringen könnten und wieviel noch erhalten ist – oder ob, wie im Falle der Pharaonen, auch Qin Shi Huangs Grabkammer ausgeraubt wurde. Auf jeden Fall sehen Chinas Archäologen einem weiteren spannenden Projekt entgegen.

Im Einzugsbereich des Gelben Flusses ist vieles erhalten geblieben. Dies ist hauptsächlich dem Löß-

boden zu verdanken, der aus Gebieten weit im Westen hergetragen und weiträumig verteilt wurde. Der feste gelbe Boden saugt die Feuchtigkeit auf und konserviert alles, was in ihm verborgen ist.

Das 6700 Jahre alte Dorf Banpo, dessen Überreste im Löß erhalten blieben, zeugt von den Lebensformen, die es hier mehrere Jahrtausende vor Erschaffung der wunderbaren Qin-Armee gab. Zwar erscheint die Anlage auf den ersten Blick unspektakulär, doch lassen die Funde darauf schließen, daß hier zur damaligen Zeit eine matriarchalische Gesellschaft siedelte.

Die Lößschicht konservierte in der Provinz Gansu ein anderes herausragendes Kunstwerk. In Leitai wurde in einer Grabkammer aus Ziegelsteinen ein bronzenes Kavalleriekommando gefunden, das aus der Zeit der Östlichen Han-Dynastie (25–250 n.Chr.) stammt. Es handelt sich ausschließlich um Miniaturen. Besonders die Pferde sind äußerst fein gestaltet. Angeführt wird der Zug vom berühmten „Schlachtroß, das flinker als der Heilige Vogel ist" – von jenem Vogel weiß die Legende zu berichten. Das Roß ist, beinahe schwebend, im vollen Galopp dargestellt – wie eingefangen vom Auge einer Kamera mit hoher Verschlußzeit. Nur der Huf des rechten Vorderbeins berührt scheinbar den Boden, tatsächlich jedoch den Leib eines kleinen Vogels, der zweifellos den mythischen Heiligen Vogel darstellen soll.

Der Tradition der keramischen Skulptur, für die Qin Shi Huangs Armee ein Beispiel ist, stehen neolithische Töpferkunst von bemerkenswerter Formschönheit und bemalte Töpferarbeiten mit naturalistischen, stilisierten und abstrakt wirkenden Motiven an Kunstfertigkeit in nichts nach. Das Geheimnis der Porzellanherstellung fanden die Chinesen 1000 Jahre vor dessen erneuter Entdeckung in Meißen im Jahre 1708. Zu jener Zeit war in China längst die gesamte Breite der Formen und Glasuren, mit denen Porzellan als Gebrauchs- oder Dekorationsgegenstand gestaltet werden kann, durch unzählige Meisterwerke zur Perfektion gebracht worden. Einzigartig in der Kunst ist auch die Verwendung von Lack – ein zeitgenössischer Wissenschaftler nannte ihn den „ersten industriellen Kunststoff der Welt" –, der in China bereits um das Jahr 1000 v. Chr. bekannt war.

Die chinesische Malerei hat eine ähnlich lange Tradition. Sie fand ihren frühesten Ausdruck in Form von Wandmalereien und entwickelte sich, nachdem man in China vor 2000 Jahren das Papier erfunden hatte, zu einer eigenständigen Kunstform.

Auch die chinesische Dichtkunst, deren früheste Werke Jahrhunderte vor Christus entstanden, hat eine lange Geschichte und ist zum Teil bis heute lesbar, wie der folgende Vers aus der Feder des großen Poeten Tao Yuanming (alias Tao Qian, 4. Jahrhundert) beweist; er entschuldigt sich darin für seine Trunkenheit, indem er von seinen Sorgen über seine nutzlosen Söhne erzählt:

A Shu ist sechzehn
und nie traf man einen fauleren Burschen.
Yong und Duan sind beide dreizehn
und wissen kaum sechs von neun zu unterscheiden.
Tongzi ist im neunten Jahr
und nur am Essen interessiert.
Nur solche Sprößlinge schenkte der Himmel mir.
Was also bleibt, als meinen Kelch zu füllen?

Gegenüber
Oben: Zusammen mit den Knochen des Pekingmenschen fand man in Zhoukoudian, südwestlich des heutigen Beijing, versteinerte Fische und andere Dinge, die dem frühzeitlichen Menschen als Nahrung dienten.

Unten: Die fossilen Knochen des Pekingmenschen, seine Steinwerkzeuge und Aschereste erzählen vom Leben dieses frühen Vorfahren des chinesischen Volkes.

Rechts: Als Wächter am Grab von Chinas selbst ernanntem Ersten Kaiser, Qin Shi Huang (259–210 v. Chr.), bilden in der Nähe der Stadt Xi´an, Provinz Shaanxi, Tausende von Terrakotta-Kriegern in Schlachtformation ein gewaltiges Ehrenregiment.

Diese Seite
Unten: Die Überreste des neolithischen Dorfes Banpo unweit von Xi´an im Tal des Gelben Flusses sind ungefähr 6700 Jahre alt. Die etwa fünf Hektar große Anlage mit in den Boden eingetieften Wohnhäusern ist ein einzigartiges Beispiel, das von dem Leben einer matriarchalischen Gesellschaft zeugt.

Rechts: In Leitai, Provinz Gansu, entdeckten Archäologen 1969 in einer Grabkammer aus Ziegelsteinen eine große Anzahl bronzener Reiterstatuen aus der Östlichen Han-Dynastie (25–250 n. Chr.). Herausragendes Kunstwerk ist ein galoppierendes Pferd (vorne Mitte), eine Darstellung des legendären „Schlachtrosses, das flinker als der Heilige Vogel ist".

Folgende Seiten: 1974 entdeckten Bauern in der Nähe von Xi´an unweit des bekannten Grabhügels des Ersten Kaisers, Qin Shi Huang, die auf einer Fläche von über 20 000 m^2 stehende Terrakotta-Armee, die 8000 Soldaten und über 100 Streitwagen umfaßt.

CHINAS WUNDERBARE LANDSCHAFTEN

Die Flüsse, die sich durch hügeliges Terrain winden, haben über die Jahrhunderte faszinierende Landschaften ausgewaschen. Die von Regenfällen und warmen Sommern begünstigte Vegetation stattet den Naturraum mit wilder Schönheit aus. Hier und dort haben Menschen einen kleinen Pavillon (wie den auf dem Foto rechts) errichtet. In ihrer Geschichte haben die Chinesen immer wieder die bewundernswerte Fähigkeit unter Beweis gestellt, Architektur harmonisch in die Landschaft einzugliedern.

Mauern und andere Wehranlagen, die aus militärischer Notwendigkeit errichtet wurden, prägen mitunter ganze Landstriche. Wie ein kolossaler Lindwurm winden sie sich über die zerklüfteten Rücken der Landschaft.

Die große Mauer, die im Chinesischen „Zehntausend Li lange Mauer" genannt wird, ist in Wirklichkeit 12 700 chinesische Li lang, das sind etwa 6350 km. Dieser Befestigungswall beginnt in Shanhaiguan am weiten Golf von Bohai, der sich zum Pazifischen Ozean öffnet. Er windet sich von dort ins Inland, verläuft nördlich von Beijing und von dort dem fernen Westen entgegen. In einigen Provinzen begleiten zusätzliche Wälle, die aus strategischer Notwendigkeit gebaut wurden, den Hauptstrang.

Zu allen Zeiten war China darauf bedacht, die „Barbaren" – so die chinesische Bezeichnung –, die jenseits der Grenzen lauerten, von seiner Kultur fernzuhalten. Chinesische und westliche Historiker sind sich darin einig, daß die Große Mauer nicht so sehr von militärischem Nutzen war, aber dafür in effektiver Weise die chinesische Kulturnation und die Integrität der konfuzianisch-daoistischen Philosophie, welche die Grundlage des ethischen Handelns im Land war, verteidigt hat.

Bewunderung gebührt der Ausdauer, mit der die Chinesen die Große Mauer gebaut haben – gewiß eine der herausragendsten Leistungen der Menschheitsgeschichte, sowohl was die enorme Größe als auch was die Länge anbelangt. Große militärische und zivile Bauleistungen wurden im Lauf der Geschichte in vielen Teilen der Welt erbracht – man denke nur an die Pyramiden, die großen Steintempel Indiens, die antiken Tempelanlagen Südamerikas oder die Tempel von Angkor in Kambodscha. Sie alle wurden zu einer sehr frühen Zeit

Rechts: Die Fischer am Fluß Nanxi, südlich von Hangzhou in der Provinz Zhejiang, betreiben in ihren bleistiftdünnen Booten Fischfang mit Kormoranen. Die Vögel, die nach Fischen tauchen, tragen einen Halsreif, der sie daran hindert, den Fang zu verschlingen. Hin und wieder nehmen die Fischer ihnen den Halsreif ab, um sie mit einem Fisch zu belohnen. Diese uralte Technik wird bis heute in verschiedenen Teilen Südchinas angewendet.

Der Fluß Nanxi mäandert mit circa 30 Windungen durch ein über 800 km² großes Gebiet in der Provinz Zhejiang. In der Trockenzeit verdoppelt sich die Anzahl der Strände an seinen Ufern. Der bei höherem Wasserstand abgelagerte Boden macht die Uferzonen fruchtbar, so daß sie beackert werden können.

detailliert geplant und von sorgfältig beaufsichtigten Arbeitskräften vollendet gestaltet. Doch keine der genannten Anlagen kann sich – was Aufwand, Konzeptgröße und räumliche Überlegungen anbelangt – mit dem monumentalen Bau der Chinesischen Mauer messen.

Wohl nur für die Pyramiden wurden ähnlich viele Arbeitskräfte eingesetzt, jedoch über einen wesentlich kürzeren Zeitraum. Die über 2000 Jahre lang immer wieder instandgesetzte, verstärkte, wiederaufgebaute und ergänzte Große Mauer legt Zeugnis von einem ethnischen Bewußtsein ab, das in China früh entstand und über die Zeiten hinweg beharrlich aufrechterhalten wurde.

Der Bau der Großen Mauer geht auf das 7. Jahrhundert v. Chr. zurück – was belegt, daß die Chinesen schon damals ein klares Konzept zur Bewahrung der territorialen Integrität ihres Landes verfolgt haben. Jede nachfolgende Verwaltung schrieb das Epos des Mauerbaus fort oder hauchte ihm neuen Geist ein. Und es ist sicher richtig, daß die Renovierung und Verstärkung der Großen Mauer für China um so wichtiger wurden, je mehr jenseits von ihr vom anhaltend ruhigen Leben in diesem dicht bevölkerten Land und vom Erfolg der chinesischen Lebensart bekannt wurde. Die chinesische Überlieferung und die frühe Dichtung erzählen viele Geschichten vom Schmerz daheim Zurückgelassener, deren Angehörige für die Arbeit in der Ferne rekrutiert wurden. Hunderttausende wurden für die gewaltige Aufgabe des Mauerbaus zusammengezogen. Ein kluger schottischer Arzt schrieb im 18. Jahrhundert am Hofe des Kaisers Kangxi in Beijing: „Ich bin überzeugt, daß kein anderes Volk als die Chinesen zu einem solchen Unternehmen befähigt gewesen wäre. Selbst wenn ein anderes Reich eine genügende Zahl Arbeiter hätte zusammenbringen können, …wäre niemand außer den findigen, besonnenen und ökonomischen Chinesen in der Lage gewesen, inmitten eines so gewaltigen Werkes die Ordnung zu wahren."

Auch Chinas Literatur thematisierte den Bau der Großen Mauer und das Blut, das die Errichtung über die Jahrhunderte forderte. Die sentimentalen nationalen Erinnerungen wurden bis zum Beginn der mandschurischen Fremdherrschaft der Qing-Dynastie gepflegt. Nachdem die Qing von der anderen Seite der Mauer ins Land gedrungen waren, schwand die Bedeutung dieses Bauwerks zumindest nördlich und westlich der Hauptstadt Beijing. Der alte Feind saß nun sogar im Herzen des Reiches: in der Verbotenen Stadt mit den kaiserlichen Palästen. In Jinshanling sowie östlich und westlich dieses berühmten Abschnitts war die mächtige Barriere aus Ziegeln nun frei von kampfbereiten Armeeverbänden. Danach haben erst die Astronauten unserer Zeit dem Bauwerk, das angeblich aus dem All mit bloßem Auge zu erkennen ist, die größte Beachtung geschenkt und damit wohl unternehmungslustige Touristen angeregt, einmal hinzufahren, um es mit eigenen Augen zu sehen.

Unten: Im harten nordchinesischen Winter ist dieser Wachturm der Großen Mauer am Jiankou-Paß in der Provinz Hebei tief eingeschneit.

Rechts: Dieser Abschnitt der Großen Mauer in der Nähe von Gubeikou nördlich von Beijing gilt als der landschaftlich schönste im Gesamtverlauf der Mauer.

Oben: Das westliche Ende der Großen Mauer am Jiayuguan-Paß.

Unten: Die Große Mauer in Simatai.

Gegenüber: Eingehüllt in Wolken und Dunst, windet sich die Große Mauer über den Jinshanling-Grat.

Repräsentativ für die extremen Landschaftskontraste entlang des Verlaufs der Großen Mauer stehen diese Eindrücke vom berühmten Abschnitt Jinshanling bei Gubeikou und vom Endpunkt des Befestigungswalles am Jiayuguan-Paß im fernen Westen in der Provinz Gansu. Der gesamte Mauerbereich von Jinshanling wurde äußerst sorgfältig geplant und errichtet. Er entstand in den mittleren Jahren der Ming-Dynastie unter Aufsicht lokaler Militäreinheiten, die dem berühmten General Qi Jiguang unterstanden. Die zentrale Befestigungsanlage ist viereckig, und ihre Mauern sind jeweils etwa 4 km lang, 14 m hoch und verblüffende 7 m dick. Nur einer der mächtigen Türme, welche die vier Tore krönten, ist erhalten geblieben. Von der Terrasse dieses hoch über der Landschaft stehenden Turmes öffnet sich der Blick bis hin zum Bohai-Golf weit im Südosten und zum Yanshan-Gebirge im Norden. Das Gebiet wurde früher besonders gut bewacht und verteidigt, denn es öffnete den direkten Zugang zur Hauptstadt. Die 140 Wachtürme waren schwer bemannt.

Dieser Beobachtungsturm in Simatai liegt ungefähr 65 km westlich der Hauptstadt in knapp 1000 m Höhe über dem Meeresspiegel. Der Abschnitt aus der Ming-Dynastie ist stark zerfallen, doch der alles überragende Wachturm wurde restauriert.

Der Jiayuguan-Paß weit im Westen in der Provinz Gansu, der den Zugang nach und von Xinjiang blockierte, erhielt den Beinamen „Stärkstes Bollwerk unter dem Himmel". Die aus den Jahren der Ming-Dynastie stammende beeindruckende Festung, die der Kontrolle der Handelswege diente, ist ein würdiger Abschluß der Großen Mauer. Der Südzipfel der Anlage endet oberhalb eines 80 m steilen Abgrunds über dem Wasserlauf des Taolai, der im Tal eine natürliche Barriere darstellt.

Links: Die merkwürdigen Bodenformationen um den Buluntuo-See in Xinjiang entstehen durch den nur halbfesten Wüstenboden. Die ungleichmäßige dunkle Kontur im Hintergrund ist der tiefblaue See selbst.

Rechts: In der Wüste Tenggeli, Innere Mongolei, überziehen mächtige Sanddünen wellenförmig ausgedehnte Gebiete. Der Wind zeichnet feine Muster auf die Oberfläche des Sandes.

Gegenüber: Wucaiwan im östlichen Dsungarei-Becken, Xinjiang. Der östliche Teil dieses Beckens erreicht in weiten Teilen Höhen um die 1200 m und wird von majestätischen Gipfeln umrahmt. Die Region Wucaiwan, die im wesentlichen in der Kreidezeit vor 120 Millionen Jahren geformt wurde, weist eine bizarr geriffelte Oberflächenstruktur auf.

Die Uigurische Autonome Region Xinjiang ist Chinas größte Provinz und umfaßt mit über 1,6 Millionen km^2 ein Sechstel der gesamten Landesfläche der Volksrepublik. Die Provinz ist mit acht bis neun Menschen pro km^2 nur spärlich besiedelt. Die Bevölkerung, insgesamt 13,6 Millionen Menschen, besteht zu zwei Dritteln aus Uiguren.

Die Region wird von mehreren Bergketten geprägt, die durchschnittliche Höhen zwischen 2400 m und 3000 m erreichen. Im Norden ragt an der Grenze zu Rußland der Youyi Feng 4374 m in die Höhe, im Süden liegen die Sieben- und Achttausender des Pamir und Karakorum. Die Provinz hat einzigartige Landschaften zu bieten. Im 480 000 km^2 großen Tarimbecken liegt der zweittiefste Punkt der Erde 150 m unter dem Meeresspiegel, und inmitten dieses Beckens erstreckt sich Chinas größte Wüste, die über 320 000 km^2 große Taklamakan.

Folgende Seiten
S.30–31: Die Landschaft um Guilin in der Region Guangxi.

S.32–34: Karstformationen in der Landschaft um Guilin.

Die vegetationsreiche Landschaft um Guilin steht – wie viele andere in China – in scharfem Kontrast zu den Landstrichen im fernen Westen. Karstformationen prägen die Naturszenerie. Vor etwa 150 Millionen Jahren hob sich dieses Gebiet aus dem Meer. Schon bald setzte ein allmählicher Verwitterungsprozeß ein, der diese bezaubernde Landschaft mit den jäh aufragenden kegelförmigen Hügeln schuf, die zumeist mit dichter Vegetation überzogen sind.

Diese Landschaft um Guilin erstreckt sich über eine Länge von etwa 100 km. Die Hügel sind von Höhlen zernagt, und unten sucht sich der Li-Fluß seinen gewundenen Weg. Zum typischen Bild dieses flachen, äußerst fruchtbaren Landstriches gehören kleine Dörfer, die mit dicht aneinandergedrängten Häusern so wenig Ackerland wie nur eben möglich beanspruchen. Hier erstreckt sich ein üppiges Reisfeld, dort gedeihen Bohnen und grüne Gemüse, Obst und Nüsse. Und wo die fruchtbaren Böden enden, erheben sich die bezaubernden Hügel, in deren Höhlenlabyrinthen bizarre Stalaktiten herabhängen. Im Gegensatz zu Xinjiang, das in weiten Teilen eher abweisend erscheint, ist Guilin in der Provinz Guangxi ein einladendes und liebenswertes Touristen-Mekka.

Unten: Im Quellgebiet des Yangtze.

Rechts: Der Goldsandfluß.

Chinas längster Strom, der Yangtze, fließt zunächst in 2750 m Höhe als schmales Rinnsal namens Tuotuo über 350 km weit durch das Hochland von Geladan auf dem abgelegenen Qinghai-Tibet-Plateau. Weiter stromabwärts, jedoch noch immer im Bereich des Oberlaufs, trägt er den Namen Jinshajiang (Goldsandfluß).

Der Yangtze, Chinas gewaltigster Strom, windet sich von seinem kühlen Quellgebiet in der Provinz Qinghai fast 6300 km weit quer durch Tibet, Sichuan, Yunnan, Hubei, Hunan, Jiangxi, Anhui und Jiangsu, bevor er zwischen Shanghai und der Stadt Qidong ins Meer mündet. Wollte man ihn in seiner ganzen Länge erwandern, so würde man die meisten der bemerkenswert schönen Landschaften Zentral- und Südchinas erleben. Der vom Qinghai-Hochplateau kommende, nun Goldsandfluß heißende Yangtze zieht in der Nähe der Stadt Sigu im Gebiet der nationalen Minderheit Naxi eine gewaltige Schleife, um sich schon bald wieder gen Süden zu wenden, bevor er sich auf seinen langen Weg nach Osten macht. Auf einem kurzen Stück zwängt ihn die Tigersprungschlucht zwischen schneebedeckten Bergen durch ein schmales Tal. Dort, wo der Fluß seine Schleifen zieht, wurden weite Flächen fruchtbaren Bodens angeschwemmt, auf denen intensive Landwirtschaft betrieben wird.

Oben: Der gezackte Schneegipfel des Prince Peak im Meili-Gebirge, Kreis Deqin in der Provinz Yunnan, wirkt wie die Miniaturausführung eines Himalaya-Berges.

Unten: Der Taihu-See liegt südlich des Yangtze-Deltas vor den Toren der Stadt Wuxi in der Küstenprovinz Jiangsu. Der Süßwassersee ist eine der Hauptattraktionen der Stadt. Mit einer Oberfläche von circa 2400 km^2 gehört er zu den vier größten Seen Chinas. An seinen Ufern, die im Umfang nahezu 500 km messen, liegen zahllose Städtchen und Dörfer, die alle weitgehend vom Fischfang leben.

Gegenüber: In der Provinz Guizhou befinden sich 150 km südwestlich der Stadt Guiyang mit den Huangguoshu-Fällen die größten und beeindruckendsten Wasserfälle Chinas. Über einen gut 50 m breiten Abgrund stürzen die Wassermassen mehr als 70 m tief hinab ins „Rhinozerosbecken". Anschließend fließt das Wasser über ein weiteres, jedoch bedeutend niedrigeres Gefälle mit donnerndem Getöse, das weithin zu hören ist, in den Weißwasserfluß. Durch das feuchte Naturschauspiel entstehen Gischt- und Nebelschleier, die vom Wind bis in die angrenzenden Dörfer getragen werden. Der Weißwasserfluß hat in dieser Region ein schroff abfallendes Gebiet zu überwinden, in dem es neben den berühmten Huangguoshu-Fällen (Gelbe-Obstbaum-Fälle) acht weitere Wasserfälle gibt.

Links: Der steinerne Affe im Bergmassiv des Huangshan.

Rechts: Das Wolkenmeer des Huangshan.

Das Bergmassiv des Huangshan erstreckt sich in der Nähe der Stadt Huangshan im Süden der Provinz Anhui über eine Entfernung von etwa 240 km. Die schönsten Panoramen bietet ein 140 km langer Abschnitt, in dem metamorphes Gestein mit Sandstein aus einem völlig anderen geologischen Zeitalter durchsetzt ist und gewaltiger unterirdischer Druck bizarre Formationen in unterschiedlichsten Größen und Umrissen hervorgebracht hat.

Zum gesamten Höhenzug gehören 72 Gipfel; der Huangshan selbst hat drei: den Lotosblütengipfel, den Gipfel des Strahlenden Lichts und den Gipfel der Himmlischen Hauptstadt. Mit ihren ungewöhnlichen Felsformationen haben sie über die gesamte Spanne des dynastischen China hinweg die Phantasie unzähliger Gelehrter, Dichter, Literaten, Maler und gewöhnlicher Besucher angeregt. Es überrascht nicht, daß die Felsformationen mit phantasievollen Namen geschmückt wurden, denn viele von ihnen lassen unwillkürlich an einen Menschen, einen Vogel, ein Tier oder andere Gestalten denken. Der Affe aus Stein, der auf eines der fünf Wolkenmeere schaut, wirkt in einem gewissen Licht erstaunlich lebensnah.

Rechts: Wolkenschleier, Kiefern und Gipfel des Huangshan.

Unten: Der „Heiligenschein des Buddha", Huangshan.

Die Landschaften des Huangshan sind vielgestaltig, und im Wechsel der Tages- und Jahreszeiten wirken sie immer wieder anders. Wie von Nebelschleiern gefangen, erscheint tief unter bizarren Gipfelspitzen, wenn die in optimaler Position stehende Sonne ein Zusammenspiel mit der von Feuchtigkeit durchsetzten Luft eingeht, ein halbkreisförmiger Regenbogen, der „Heiligenschein des Buddha" genannt wird. Ähnliche Effekte lassen sich mitunter auch auf dem Emeishan und dem Lushan beobachten.

Das den Huangshan umhüllende Wolkenmeer kriecht in die klaffenden Schlünde zwischen den Felsspitzen und hängt wie gefangen in den Bäumen, die sich als schwarze Silhouetten abzeichnen. Von der Aussichtsplattform auf der rechten Seite können Besucher zuschauen, wie sich die Szenerie ständig verändert. Dunstschleier enthüllen einmal diesen und dann jenen Gipfel, während sie zugleich andere wieder verbergen. Dieses faszinierende Naturschauspiel hat die Phantasie der Bewunderer des Huangshan seit Jahrhunderten gefesselt.

Oben: Der kleine Pavillon steht auf einem Berggipfel im Lushan-Gebirge, das sich westlich des Poyang-Sees und südlich des Yangtze erstreckt. Der Hauptgipfel Dahanyang erreicht eine Höhe von 1474 m.

Oben: Der Berg Taishan in der Provinz Shandong gilt als heilig. Er war die bedeutendste Stätte für die Opfer, die der Kaiser dem Himmel und der Erde darbrachte. Du Fu, ein berühmter Dichter aus der Zeit der Tang-Dynastie, soll vor über 1000 Jahren nach der Besteigung des Gipfels gesagt haben: „Die Welt ist klein."

Oben: Nur ein begehbarer Weg führt auf den Gipfel des Huashan, der zu den fünf heiligen Bergen des Daoismus gehört und eine Höhe von 2100 m erreicht. Die Chinesen nennen ihn im Volksmund „Steilster Berg unter dem Himmel".

Gegenüber: Tianchi, der Himmelssee, liegt nordöstlich von Xinjiangs Hauptstadt Urumqi 1980 m hoch über dem Meeresspiegel auf halber Höhe des Bogda Feng (Gottesgipfel). Der kleine, dunkelblaue See friert im Winter gewöhnlich zu.

Unten: Ein typisches Beispiel für die wasserreiche Region südlich des Yangtze in der Provinz Zhejiang ist die Stadt Shaoxing. Sie war jahrhundertelang ein bedeutender Verwaltungssitz, Handelszentrum sowie Sammel- und Verteilungsstelle für die landwirtschaftlich reichen Gebiete der Umgebung und liegt inmitten einer von Seen geprägten Landschaft. Die Tempel der Region gehen zum Teil auf die Zeit der Song-Dynastie (960–1279) zurück. Kanäle und Wasser, Fußpfade und Brücken prägen das Gesicht der Stadt.

Rechts: Der Mond scheint auf die mächtigen Felswände von Tulin in der Nähe von Yuxi (Provinz Yunnan), die den Namen „Irdener Wald" tragen. Die kleine, bizarre Felslandschaft ist über die Zeiten hinweg verwittert und erodiert, so daß die Felsen heute an vielen Stellen wie dicht nebeneinander wachsende Stämme mächtiger Urwaldriesen aussehen.

Folgende Seiten

S.44–45: Zhaoqing, Provinz Guangdong, liegt etwa 100 km von Kanton entfernt am Westfluß (Xijiang). Im Randbezirk der Stadt erheben sich abrupt die Sieben-Sterne-Felsen. Der Überlieferung zufolge soll es sich um vom Himmel gefallene Sterne handeln, denn ihre Anordnung entspricht der des Großen Wagens.

S.46–48: Unterhalb der Berge von Litang erstreckt sich im Nordwesten der Provinz Sichuan eine weite Ebene, die fast 1000 m höher liegt als die tibetische Hauptstadt Lhasa. Im Hintergrund ist die Stadt Litang zu erkennen.

Unten: Im Grasland in der Provinz Sichuan haben Hirten ihre Zelte aufgeschlagen, während ihre Herden auf den üppigen Grünflächen weiden.

Folgende Seiten
S.50–51: Weiß- oder Silberbirken spenden hier im Dorf Hoba, zwischen Kashgar und Turfan (Provinz Xinjiang), willkommenen Schutz vor der heißen Sommersonne.

Rechts: Herbst in der Gebirgsregion der Provinz Ningxia. Teile des landwirtschaftlich nutzbaren Bodens sind mit Weizen (gelbe Flächen) und Buchweizen (rote Flächen) bestellt. Das Aussehen der Strohballen ist für dieses Gebiet charakteristisch. Wasser ist rar, die Ernten sind dürftig.

Gegenüber
Oben: Die Vogelinsel in der Provinz Qinghai.

Unten: Bestellte Felder und Weideland in der Nähe des Sonne-Mond-Berges.

Die Provinz Qinghai liegt auf einem Plateau, das eine durchschnittliche Höhe von über 3000 m erreicht. Zu den touristischen Höhepunkten gehört eine Fahrt zum über 4500 km^2 großen Qinghai-See, der unter seinem mongolischen Namen bekannter ist: Koko Nor. An seinem Westrand befindet sich die berühmte, nur etwa 1 km^2 große Vogelinsel, auf der heimische Vogelarten leben und Zehntausende von Zugvögeln eine vorübergehende Heimat finden. Der merkwürdige Fels auf dem Foto rechts ist ein bevorzugter Aufenthaltsort der Vögel – und außerdem der einzige Stein, der auf der ganzen Insel zu finden ist. Aufgrund ihrer Bedeutung für die Zugvögel ist die Insel zum Nationalpark erklärt worden. Diverse Anbauprodukte und das Weideland in der Region um den Sonne-Mond-Berg bieten zahlreichen Schaf- und Yakherden Nahrung.

Rechts: Die Hahnenkamm-Höhle im Berg Laojun, Provinz Henan. Der seltsame, aus vielen Röhren bestehende riesige Kalkstein-Stalaktit ist über Zehntausende von Jahren hinweg durch das unablässige Tröpfeln mineralsalzhaltigen Wassers entstanden.

Links: Der Mount Everest (tibetisch: *Chomolungma*) begrenzt im Himalaya das Qinghai-Tibet-Plateau. Dieses 2,3 Millionen km² große Plateau erstreckt sich über Tibet, Qinghai sowie Teile von Sichuan und Gansu und umfaßt nahezu ein Viertel der Gesamtfläche Chinas. Seine durchschnittliche Höhe beträgt rund 4000 m, und acht der vierzehn höchsten Berge an seiner Südgrenze erreichen Höhen von über 8000 m. Deshalb nennt man diesen Teil der Erde mit Fug und Recht das „Dach der Welt".

Der Mount Everest, dessen tibetischer Name „Dritte Gottheit" bedeutet, galt lange als unbezwingbar, bis er 1953 erstmals bestiegen wurde. Bergsteiger vieler Nationen, zu denen auch China gehört, standen seitdem auf dem Gipfel. Nachdem Chinesen 1960 und 1975 zweimal von tibetischer Seite her die Nordwand erklettern konnten, öffneten die Behörden diese Route zum Gipfel auch für ausländische Bergsteiger.

Rechts: Im fernen Nordosten Chinas grenzt die Provinz Jilin an die Innere Mongolei, die Provinz Heilongjiang und das Nachbarland Nordkorea. Auch hier prägen Berge das Landschaftsbild. Eingebettet in den Vulkankrater des Baitou, eines der höchsten Gipfel der Changbai-Gebirgskette, liegt der Tianchi (Himmelssee) in 1850 m Höhe.

Folgende Seiten
S.56–57: Die Norilang-Fälle, Jiuzhaigou, nahe der Nordgrenze der Provinz Sichuan gehören zu Chinas großen Katarakten. Sie wirken um vieles sanfter als der Sturzbach von Huanggoushu, da die Wassermassen das Gefälle stufenweise überwinden. Im grünen Jiuzhaigou (Neun-Dörfer-Schlucht) ist die alpine Seen-, Berg- und Waldlandschaft inzwischen zum Reservat für Pandabären erklärt worden. Früher lebten hier zahlreiche Angehörige der tibetischen Minderheit. Je nach Jahreszeit und dem Stand der Baumblüte bereichern bunte Farbtupfer das Panorama der Wasserfälle.

Gegenüber

Oben: Wenn der Winter zu Ende geht und der Schnee im Naturreservat Jiuzhaigou geschmolzen ist, bilden die kahlen Zweige der Laubbäume einen scharfen Kontrast zu den immergrünen Nadelbäumen.

Unten links: Am Buschwerk entlang des Ufers am Jiuzhaigou-See sind Wasserläufe zu erkennen.

Unten rechts: Das Wasser hat diese natürlichen Becken in Huanglong zu einer Terrassenlandschaft geformt. Es erhält seine Färbung durch die Mineralstoffe, die aus dem Sedimentgestein der Berge geschwemmt werden.

Diese Seite

Rechts: Im Gebiet von Wulingyuan im Nordwesten der Provinz Hunan, wo der Staatliche Forstpark Zhangjiajie eingerichtet wurde, betritt man ein weiteres Wunderland Chinas. Auch dieses Gebiet ist von erodierten Felsen geprägt. (Hier sind sie aus Quarzit und nicht aus Kalkstein.) Bei schrägem Sonnenlichteinfall ragen die Felsspitzen wie bleiche Finger einer gigantischen Hand aus Stein aus dem Dunst in die Höhe. Hier sind 3000 verschiedene Pflanzenarten heimisch sowie 116 Arten terrestrischer Wirbeltiere, von denen 30 unter Artenschutz stehen. Neben Guilin gilt die Landschaft des Staatlichen Forstparks als besonders typisch chinesisch. Auf den ersten Blick wirkt die Umgebung außerirdisch und sehr fremdartig, jedoch nicht furchteinflößend. Das Singen der Vögel und das sanfte Plätschern rinnenden Wassers binden den Ort fest an „Mutter Erde".

Unten: Die Felsformationen im Staatlichen Forstpark Zhangjiajie vermitteln ungewöhnliche Natureindrücke. Diese Felsen im Tianzi Shan (Gebirge des Himmelssohnes) tragen den Namen Yubi Feng (Kalligraphiepinsel des Kaisers).

DAS KAISERLICHE CHINA

Die Anfänge der pyramidenförmigen Verwaltungsstruktur Chinas gehen auf die Zeit des selbst ernannten Ersten Kaisers, Qin Shi Huang (250–210 v.Chr.), zurück. Ende des 5. Jahrhunderts n.Chr. war die Hierarchie mehr oder weniger fest institutionalisiert. Der Kaiser als Oberhaupt bildete die Spitze eines ausgefeilten Verwaltungssystems. Seine Staatskanzlei stand mehreren Ministerien vor, denen wiederum die Leiter der Präfekturen verantwortlich waren, und so verbreiterte sich die Pyramide bis auf die unterste Ebene lokaler Magistraten. Der entscheidende Unterschied zu vergleichbaren Systemen anderer Staaten bestand in der Institution der kaiserlichen Prüfungen. In regelmäßigen Abständen wurden Kandidaten intensiv auf ihre Kenntnis der klassischen chinesischen Werke hin geprüft. Dies gab zwar nur wenig Aufschluß über die individuellen Fähigkeiten im Verwaltungsbereich, doch es stellte sicher, daß die grundlegenden Konzepte der chinesischen Gesellschaftsordnung tiefgreifend verstanden wurden. Die Prüfungen waren umfangreich und außerordentlich schwierig, weil sie ein ungeheures Erinnerungsvermögen voraussetzten. Mit nur geringfügigen Veränderungen wurden diese Staatsprüfungen für Beamte bis zum Sturz der letzten Dynastie im Jahre 1911 beibehalten.

Der Kaiser war der absolute Herrscher. Durch regelmäßige, oft sehr detaillierte Berichte der Präfekten, die ihrerseits ebenfalls regelmäßige Berichte der unterstellten Ebenen erhielten, war der Kaiser über alles, was in seinem Reich geschah, informiert. Seine Ratgeber waren die hohen Beamten, die den verschiedenen Ministerien vorstanden.

Die Absolutheit der kaiserlichen Macht wurde durch den Glauben an den Himmel als höchste herrschende Instanz untermauert, denn der Kaiser galt als einziges Bindeglied zwischen Himmel und chinesischem Volk. Einmal jährlich war es der Kaiser, und nur er, der im Himmelstempel in Beijing Fürsprache für das Volk einlegte.

Die feudale Gesellschaft Chinas fußte auf drei grundlegenden Geistesströmungen spiritueller und ideologischer Natur: Zwei waren Philosophien – der Konfuzianismus, der auf die Grundanschauungen des Konfuzius (551–479 v. Chr.) zurückgeht, und der Daoismus, der sich noch früher ausprägte. Dazu kam der Buddhismus, der im 1. Jahrhundert n.Chr. nach China kam und hier seine Blütezeit im 7. Jahrhundert unter der Tang-Dynastie erreichte. Diese drei Konzepte beinflußten in wechselndem Maße die alte Geschichte Chinas.

Der Glanz der dynastischen Zeiten – die prunkvollen Paläste, großartigen Tempel und auch das tiefe Nationalbewußtsein, das zum Bau der Großen Mauer führte – könnte man auf den typisch chinesischen Ethos zurückführen, den diese drei fundamentalen Konzepte nährten. Dies gilt auch für die umfangreiche Literatur Chinas ebenso wie für die chinesische Malerei und Architektur, die durch die ästhetische Auslegung fundamentaler Glaubensvorstellungen und Ideen ein völlig eigenes Gepräge erhielten. Kurz gesagt: Die chinesischen Denkschulen wirkten ebenso lange und entscheidend auf das chinesische Leben ein wie das Christentum auf das westliche.

Oben: Die Ming-Gräber nördlich von Beijing heißen auf chinesisch *Shisanling* – die Dreizehn Gräber. Dreizehn Kaiser der Ming-Dynastie wurden hier zu Füßen einer halbkreisförmigen Hügelkette beigesetzt. Der Weg der Seelen (*Shen Dao*), der zu den Grabstätten führt, beginnt an einem zeremoniellen Torbogen, erreicht den Stelenpavillon im Hintergrund des Fotos und wird in seinem weiteren Verlauf zu beiden Seiten von Statuen gesäumt. Von den jeweils zwei Figurenpaaren einer Tierart ist eines stehend und eines ruhend dargestellt – der Legende zufolge übernehmen die tagsüber ruhenden Tiere die Nachtwache am Weg zu den Gräbern. Zunächst passiert man Löwen, dann *Xie Chou* (Fabeltiere), anschließend Kamele, Elefanten, die mythischen *Qi Lin* und Pferde.

Unten: Weiter südlich liegen in der Provinz Shaanxi die Gräber des Tang-Kaisers Gao Zong und seiner Frau, der Kaiserin Wu Zetian, die ihn überlebte. Die 61 Figuren vor ihrem Grab sind in früheren Jahrhunderten fast ausnahmslos von Trophäenjägern enthauptet worden.

Gegenüber: In der Provinz Hebei nördlich von Beijing wurde unter dem Kangxi-Kaiser Yuanye mit dem Bau der kaiserlichen Sommerresidenz begonnen, die sein Enkel, der Qianlong-Kaiser Hongli, im tibetischen Stil erweitern ließ. Die Firstziegel des Putuo-Tempels, einem von fünf aus dem 18. Jahrhundert, zeigen einige der mythischen Tiere, die im dynastischen China von Bedeutung waren.

Rechts: Zwei monumentale Bronzelöwen stehen im Kaiserpalast in Beijing. Der Löwe, der in China zu keiner Zeit heimisch war, gilt als Symbol der Macht und wurde als solches überall dort plaziert, wo der Ausdruck von Macht dienlich erschien.

Gegenüber: Der Kaiserthron steht in der üppig ausgestatteten Halle des Palastes der Himmlischen Reinheit (Qianqing Gong), der zu den drei Palästen im Norden der kaiserlichen Anlagen gehört. Er diente als Audienzraum für ausländische Botschafter und andere hohe Würdenträger. Die Schriftzeichen über dem Thron lesen sich „Zheng Da Guang Ming". Die kurze Aussage läßt sich auf unterschiedliche Weise übersetzen: „Offen und ehrlich" oder „Gerecht und ehrenvoll". Doch keine der beiden Übersetzungen hat die Ausdruckskraft des chinesischen Originals, das Anspielungen auf Güte, Allmacht, Unübertrefflichkeit und unparteiische Machtausübung enthält. Der tiefere Sinn umkreist den Gedanken der kaiserlichen Macht und Würde zusammen mit der Vorstellung, daß der Glanz alles Guten einzig und allein aus der kaiserlichen Herrschaft erstrahlt. Es ist leider nicht möglich, derartige Aphorismen, deren Kraft in ihrer Kürze liegt, angemessen in eine westliche Sprache zu übertragen.

Als letzte kaiserliche Zeremonie fand in diesem Palast 1922 die Hochzeit des letzten (zu diesem Zeitpunkt längst abgesetzten) Qing-Kaisers, des glücklosen Pu Yi, statt.

正大光明
弘敷五典無輕民事惟難
表正萬邦慎厥身脩思永
惟精惟一道積于厥
克寬克仁皇建其有極

Oben: Blick von der Anhöhe des Jingshan, eines Aussichtshügels nördlich von Beijings Verbotener Stadt, auf den gesamten Palastbereich. Die 720 000 m² große Anlage mit ihren rund 9900 Räumen ist von einer 10 m hohen Mauer und einem breiten Wassergraben umgeben.

Rechts: Der kaiserliche Garten befindet sich im nördlichen Teil des Palastes. Er wurde unter der Ming-Dynastie als Vergnügungspark für die kaiserliche Familie angelegt. Blumen und alte Bäume harmonieren mit einer Architektur, die zu kaiserlichem Wohlgefallen erdacht wurde.

Gegenüber: Blick in einen Gang im Privatbereich der Verbotenen Stadt, in dem abends große Bronzelaternen Licht spenden. Vor dem dämmerigen Himmel zeichnen sich im Hintergrund die Silhouetten zweier von insgesamt fünf Pavillons ab, die auf dem Aussichtshügel Jingshan stehen.

Folgende Seiten

S.66–67: Einer der Wachtürme (im Vordergrund), die auf den vier Eckpunkten der Umfriedungsmauer des Kaiserpalastes thronen. Der breite Wassergraben, der die mächtigen Mauern umgibt, reflektiert das letzte Licht der untergehenden Sonne.

S.68–70: Das tiefe Verständnis von Volumen und Raum, ein Merkmal der chinesischen Architektur, kommt in dieser Ansicht eines der berühmtesten Höfe des Kaiserpalastes in Beijing zum Ausdruck. Das Gebäude rechts, Wu Men (das Mittagstor), ist das erste große Bauwerk, das der vom Platz des Himmlischen Friedens kommende Besucher sieht, sobald er den Palastbereich durch das gleichnamige Tor betreten hat. Unter marmornen Brücken und zwischen marmornen Balustraden verläuft der Goldwasserfluß. Der gepflasterte Hof öffnet sich weit und mündet in das Tor der Höchsten Harmonie (Taihe Men), das von Bronzelöwen behütet auf einer Marmorterrasse ruht. Hinter dem Tor befindet sich die großartige Halle der Höchsten Harmonie (Taihe Dian), die den bedeutendsten Zeremonien vorbehalten war.

Unten: Ein Abschnitt der äußeren Stadtmauer des alten Nanjing, Chinas Hauptstadt zur Zeit der Sechs Dynastien (220–589 n. Chr.).

Gegenüber: Die runde Halle der Ernteopfer in Beijings Himmelstempel steht auf einer dreistufigen weißen Marmorterrasse und trägt ein Dach aus glasierten blauen Ziegeln, die religiösen Gebäuden vorbehalten sind.

Oben: Die Gebetshalle wird von farbigem Scheinwerferlicht beleuchtet.

Rechts: Die Decke in der Halle der Ernteopfer ist vollendet gestaltet. Wie das gesamte Gebäude, ist auch die Deckenkonstruktion ohne Metallteile gebaut. Im Zentrum befindet sich ein Flachrelief, das den kaiserlichen Drachen mit den fünf Klauen zeigt. Es befindet sich unterhalb der außen angebrachten vergoldeten Spitze in 35 m Höhe. Form und Muster der Decke sind dem Vorbild eines 2000 Jahre alten Grabes aus der Han-Dynastie nachempfunden.

Gegenüber: Der Himmelstempel mit Blickrichtung nach Norden. Die Gebetshalle der Ernteopfer ist vor dem fernen Hintergrund von Beijings Südstadt zu sehen. Davor führt ein rotes Gebäude mit drei bogenförmigen Toren auf den langen Verbindungsweg zur südlich gelegenen Halle des Himmelsgewölbes, in der die kaiserlichen Zeremonialtafeln aufbewahrt wurden. Der Hof ist von der runden Echomauer umgeben. Durch diese führt ein Tor mit drei weißen Bogengängen zu freistehenden weißen Marmortoren, die den Weg zu den drei Terrassen des Himmelsaltars weisen. Hierher kam der Kaiser jährlich zur Wintersonnenwende in vollem Ornat, um das Himmelsopfer darzubringen.

Oben: Die Suzhou-Straße liegt innerhalb des Sommerpalastes hinter dem Berg der Langlebigkeit (Wanshoushan). Sie war die kaiserliche Einkaufszeile und wurde auf Geheiß des Qianlong-Kaisers nach dem Vorbild des alten Stadtbilds von Suzhou gebaut. Der Bereich wurde vor kurzem restauriert.

Rechts: Das Marmorboot – ein kurioses Bauwerk, das an einen Schaufelraddampfer erinnert – steht im seichten Ufergewässer des Kunming-Sees. Es verdankt seine Existenz einer Laune der Kaiserinwitwe Dowager Ci Xi. Sie finanzierte den Bau mit staatlichen Geldern, die eigentlich für den Aufbau der Flotte vorgesehen waren.

Gegenüber: Bootsverleih am Kunming-See. Die Ruderboote sind vor dem Pavillon des Literaturgottes festgemacht, wo Trauerweiden die Ufer säumen.

Oben: Der Kunming-See mit dem Sommerpalast (Yiheyuan: Garten der Harmonischen Einheit) liegt nur wenige Kilometer nordwestlich von Beijing. Der kaiserliche Park wurde auf Veranlassung der Kaiserinwitwe Dowager Ci Xi 1888 und 1903 wiederaufgebaut, nachdem die ursprüngliche Anlage 1860 und 1900 von westlichen Truppen ausgeplündert und niedergebrannt worden war. Der See und die Gebäude auf dem Berg der Langlebigkeit dienten als idyllischer Zufluchtsort, fernab von dem Pomp des Kaiserpalastes in der Stadt. Auf der von Bäumen beschatteten künstlichen Insel im Vordergrund steht der Pavillon des Frühlingsempfindens.

Rechts: Vom Pavillon des Wohlgeruchs Buddhas (Foxiangge) auf dem Berg der Langlebigkeit blickt man über den Kunming-See auf die Silhouette der Stadt Beijing. Auf der Insel unten rechts, zu der die Siebzehn-Bogen-Brücke führt, steht der Tempel des Drachenkönigs.

Gegenüber: Der lange überdachte Wandelgang führt vom Eingang des Sommerpalastes am Nordufer des Kunming-Sees entlang. Er ist in seiner gesamten Länge mit Szenen bemalt, die südlich des Yangtze gelegene berühmte Landschaften, bedeutende historische Ereignisse und bekannte Persönlichkeiten darstellen.

Oben: Die kaiserliche Sommerresidenz in Chengde liegt nördlich von Beijing in der Provinz Hebei. Der Kangxi Kaiser ließ hier die ersten Palastanlagen im frühen 18. Jahrhundert bauen, sein Enkel Qianlong veranlaßte die Gestaltung des großen Parkbereichs.

Rechts: Der Tempel des Universalen Friedens (Puning Si) in der kaiserlichen Sommerresidenz wurde im tibetischen Stil erbaut. Die größte Holzstatue Chinas – sie stellt Guanyin, die Göttin der Barmherzigkeit dar – wirkt durch die sie umgebende Halle erst recht überdimensional.

Gegenüber: Nordwestlich von Beijing legte der Kangxi-Kaiser in Chengde, Provinz Hebei, den Grundstein für eine Sommerresidenz. Die Anlage wurde von seinem Enkel Qianlong vergrößert. Neben anderen Tempelanlagen ließ er auch den Putuo Zongsheng, eine Miniaturkopie des in der tibetischen Hauptstadt Lhasa stehenden Potala, errichten. Hier fanden sich zur Feier des sechzigsten Geburtstags des Kaisers die Herrscher von Tibet, Qinghai, Xinjiang und der Mongolei ein.

DIE SCHÖNHEIT DER CHINESISCHEN GÄRTEN

„AM ANFANG WAREN DIE NEBEL, UND AUS ihnen heraus wuchs die Erde. Himmel und Erde wurden getrennt. Dann entstanden Sonne und Mond. Die sich ergänzenden Elemente Yin und Yang vereinten sich zu einem Schoß, und aus diesem wurde Pan Gu geboren. Und Pan Gu war der erste Mensch." Und als er schließlich starb, wurde sein Leib zu den Bergen, sein Haar zu den Wäldern, sein Blut zu den Flüssen. So also stammt die Erde vom ersten chinesischen Menschen ab.

Eine gewisse Ehrfurcht vor den Erscheinungen der Natur ist vielen Völkern eigen. Doch die frühen chinesischen Gelehrten – verhältnismäßig wenige Männer, die lesen und schreiben konnten – verspürten den Drang, die Schönheit der „guten Mutter Erde" im häuslichen Maßstab nachzuempfinden. Dies fand seinen Ausdruck in der Gestaltung zahlreicher Gartenanlagen, die wir als typische Beispiele chinesischer Kultur rühmen. Im 16. Jahrhundert erreichten die Gärten, die zu den Häusern wohlhabender Beamte und Kaufleute gehörten, die höchste Blüte ihrer Kultivierung und Schönheit. Vergleichbare Anlagen gibt es nur in Japan, wo der chinesische Stil adaptiert wurde. Kennzeichnend für diese einzigartige Kunstform sind der vertraute Umgang mit der Natur, die Anspielungen auf die Universalität und die Vollkommenheit in der Verkleinerung des Maßstabs.

Im chinesischen Denken werden die Geschehensabläufe der Welt durch die gegensätzlichen Kräfte Yin und Yang bestimmt; das Weibliche ist Yin, das Männliche Yang. Die Nordseiten eines Hügels oder Hauses sind Yin, weil die Sonne (Yang) dort nicht scheint. „Dunkel" und „naß" sind Yin, folglich sind „hell" und „trocken" Yang. Eine vertikale Linie ist Yang, eine horizontale Yin. Nach diesen Leitprinzipien richtet sich die Gestaltung chinesischer Gärten.

Der perfekte chinesische Garten muß eine vollkommen harmonische Verbindung der beiden Pole aufweisen. Schließlich sind diese Kräfte in der Natur selbst elementar verwurzelt: Um den hellen Tag zu sehen (und entsprechend zu würdigen), muß man die Nacht kennengelernt haben. Ein wichtiges Element für die Gartengestaltung ist Wasser, das die spröde Schroffheit des natürlichen Gesteins hervorhebt und gleichzeitig ergänzt. Von außen dunkel erscheinende Innenräume warten hinter Schatten spendenden Vordächern mit weißen Wänden und hellen Farben auf. Die unregelmäßigen Umrisse von Wasserflächen stehen in Kontrast zu den gleichmäßigen oder geraden Linien der architektonischen Elemente.

Die Gebäude selbst sind weniger wichtig. Im allgemeinen sind sie so angeordnet, daß eine Seite der Alltagswelt außerhalb des Gartens zugewendet ist. Sie erfüllen den Zweck, die Wasserfläche einzugrenzen und auf diese Weise ihren komplementären Bereich abzustecken. Wer einen solchen Garten betritt, fühlt sich wie in eine andere Welt versetzt, wo die harmonische Anordnung von Wasser, Steinen, Bäumen und einem oder zwei kleine Pavillons wahre Ruhe vermitteln.

Eines der fünf chinesischen Elemente ist das Wasser – dunkel und die Andeutung des Mysteriösen in seinen Tiefen bergend. Auf seiner Oberfläche treiben Blätter der Lotospflanze, die – fest im Schlamm des Bodens verwurzelt – hin und wieder ihre Blütenpracht entfaltet – oft die einzige leuchtende Farbe im Gartenbereich. Auf diese Weise verwandelt sich der Schmutz der Welt in Reinheit und Harmonie. Ohne Wasser wäre der Garten wie ein Mensch ohne Augenlicht.

Zu diesen wesentlichen Gestaltungselementen kommen Pfade, Wandelgänge und Brücken, so daß die früheren Eigentümer, ihre Familien und Gäste im Garten lustwandeln und die einzelnen Details aus sorgfältig geplanten Blickwinkeln bewundern konnten. Die Anlagen wurden mit präzise angeordneten und einfallsreich gestalteten Fenstern und Torwegen der unterschiedlichsten Art geschmückt, die vom Dunklen ins Helle und vom Hellen ins Dunkle führen. Man durchschreitet Mondtore, deren runde Form an den Mond erinnert. In klaren Nächten spiegelt sich die bedächtige Reise des Mondes über den Himmel auf dem Wasser, dessen glatte Oberfläche sich nur gelegentlich kräuselt – hervorgerufen vom Fall eines Blattes oder dem Quaken eines Frosches. Im Garten bleibt alle Zeit der Welt, um Felsformationen inmitten von Grün oder die feine Schnitzerei an einem Brückengeländer zu betrachten oder über eine Inschrift nachzusinnen, die in zierlichen Schriftzügen in einen Stein gemeißelt ist.

Chinesische Gartenanlagen waren die Schöpfung von Gelehrten – einer wohlhabenden Klasse, die im dynastischen China dem Leben der einfachen Menschen weit entrückt war. Bis heute werden die Gärten sehr geschätzt – mehr noch vom „einfachen Volk“ als von den Nachkommen der ursprünglichen Eigentümer.

Rechts: Das Mondtor im Zhuozheng Yuan (Garten des Bescheidenen Beamten) ist so angelegt, daß sich der Blick nach Westen zwischen dem zarten Grün sich neigender Bäume auf das Wasser, eine Brücke und ein fernes Tor richtet.

Gegenüber: Der Wangshi Yuan (Garten des Meisters der Netze) in Suzhou wurde bereits in der Song-Dynastie (960–1279) angelegt und gehört zu den vier berühmtesten Gärten der Region. Er ist nur etwa 5000 m^2 groß. Der Teich im Mittelpunkt des Gartens wird von dem eleganten hexagonalen Pavillon des Mondes und der Winde flankiert. Seinen Charme gewinnt der Garten durch die schlichte Gestaltung der Natur – mit niedrigen Felsen, geschmackvoller Bepflanzung und einem schräg gewachsenen Baum –, die in harmonischer Verbindung mit der überwiegend einstöckigen Architektur der Bibliothek und Empfangsräume stehen.

Unten: Die Yanyu-Halle im Shizilin Yuan (Löwenwaldgarten).

Rechts: Auch der Löwenwaldgarten gehört zu den vier berühmtesten Gärten in Suzhou. Der Abt eines nahegelegenen buddhistischen Tempels ließ ihn 1350 zum Gedenken an seinen Lehrer angelegen, der als Einsiedler an einem Ort namens Löwenklippe gelebt hatte. Entworfen wurde er von einer Gruppe der bekanntesten damaligen Gelehrten. In der früheren Empfangshalle (unten) wurden die Besucher willkommen geheißen. Der Garten ist berühmt für seine Steinformationen aus dem Gebiet des Taihu-Sees, deren Form an Löwen erinnert. Diese Ansicht entstand im Morgennebel.

Gegenüber: Zhuozheng Yuan (Garten des Bescheidenen Beamten) liegt im Norden der Stadt Suzhou, unweit des Historischen Museums. Er wurde im 16. Jahrhundert von Wang Xianchen – einem kaiserlichen Beamten, der sich in Suzhou zur Ruhe gesetzt hatte – gestaltet. Nach seinem Tod verlor sein leichtsinniger Sohn den Garten beim Glücksspiel. Die Eigentümer der Anlage wechselten danach häufig, bis der Garten 1952 zum öffentlichen Park erklärt wurde. Die mit 50 000 m^2 größte Gartenanlage der Stadt wird von unregelmäßig angelegten Wasserbecken geprägt. Die Anlage besteht aus zwei Teilen, die durch eine Mauer voneinander getrennt sind.

Rechts: Im zerklüfteten Gelände des Löwenwaldgartens stehen phantastische Steingebilde, die wie aufmerksam lauernde Löwen anmuten. Den ruhigen Gegenpol bilden das flache, kühle Wasser, die schattigen Bereiche unter den Vordächern und die geschwungenen Dachfirste des Pavillons links. Auch das wohlüberlegt angepflanzte Buschwerk und die Plazierung des Baumes, der sich in der glatten Wasseroberfläche spiegelt, wirken ausgleichend in einer ansonsten eher wild anmutenden Umgebung.

Gegenüber
Oben: Die Gartenanlagen am Shouxi Hu, dem Schmalen Westsee vor den Toren der Stadt Yangzhou in der Provinz Jiangsu, entstanden durch die künstliche Erweiterung mehrerer kleiner Wasserläufe. Mit seinen Pavillons und abwechslungsreichen Landschaften sowie Pagoden und Brücken, die am Ufer des langgestreckten schmalen Sees angeordnet sind, ist er ein eher ungewöhnlicher chinesischer Garten. Eines der zahlreichen Gebäude steht auf Stelzen über dem Wasser und ist so konstruiert, daß es ein Wasserbecken umschließt.

Unten: Südlich des Yangtze führt eine Brücke vom Ufer des Taihu-Sees zur Schildkrötenkopf-Insel. Im Frühling rahmen Blütenknospen den Blick auf die geschwungene Bogenbrücke.

Oben: Der Herbstmond über dem Pavillon des Ruhenden Sees am Westsee, Provinz Zhejiang.

Rechts: Brücke auf dem Bai-Damm im Westsee. Der Bai-Damm ist nach dem Poeten Bai Juyi (701–762) benannt, ein anderer Damm trägt den Namen des Poeten Su Dongpo (1037–1101).

Gegenüber: Frühling am Westsee. Im Dunst des frühen Morgens sind vage die zwei kleinsten der vier Inseln zu erkennen.

Folgende Seiten
S.90–92: Eine andere Ansicht des Westsees im Frühling. Hier sind die wesentlichen Elemente eines chinesischen Gartens vereint: ein niedriger Damm, unregelmäßig bewachsen von Bäumen unterschiedlichster Art, die sich verschwommen im ruhigen Flachwasser spiegeln; Pavillons mit geschwungenen dunklen Dächern; im Wasser vor dem mittleren Gebäude ein bizarr geformter Felsen – und in manchen Bäumen sogar Vogelnester. Über der gesamten Szenerie liegt eine Ruhe, wie man sie friedlicher kaum herbeisehnen kann.

Oben: Die Neun-Drachen-Mauer aus glasierten Ziegeln steht im Beihai-Park in Beijing. Sie ist etwa 5 m hoch und 27 m lang. Früher stand sie vor dem Eingangstor eines (längst verschwundenen) Tempels. Sie erfüllte den Zweck, böse Geister abzuhalten, die sich der Legende zufolge nur in gerader Linie auf ein Ziel zu bewegen können.

Unten: Vier der Fünf-Drachen-Pavillons, die 1651 am Ufer des Beihai-Sees in Beijing für den Kaiser errichtet wurden, der hier angelte oder in lauen Nächten den Mond betrachtete.

Folgende Seiten
S.94–95: Der Teich des Schwarzen Drachen (Heilongtan) im Nordwesten Yunnans wird links von einem seltsam verschlungenem Gestein gesäumt. Die Brücke mit den fünf Bögen führt zu einer Pagode, die anmutig vor dem stolzen Schneegipfel des Jadedrachenberges im Yulongxue-Gebirge plaziert ist.

CHINA: VIELFALT DER KULTUREN

Die Han-Chinesen stellen ungefähr 92 Prozent der chinesischen Bevölkerung. Die übrigen acht Prozent erhielten nach der Revolution von 1949 den Status von nationalen Minderheiten. Die Richtlinien für die Entwicklung der Regionen, in denen die Minderheiten die reale Mehrheit der Bevölkerung stellen, wurde in der im August 1953 herausgegebenen Akte mit dem Titel „Minderheitenpolitik der Volksrepublik China" festgeschrieben. Solchen Regionen wurden in unterschiedlichem Maße Autonomierechte eingeräumt, je nachdem, wie sehr sich Lebensstil, Glauben sowie Sitten und Bräuche von der Mehrheit der Han-Bevölkerung unterschieden.

Neben den Han leben auf chinesischem Territorium 55 weitere ethnische Gruppen. Die zahlenmäßig größten Minderheiten stellen die im Süden Chinas lebenden Zhuang und die muslimischen Hui, die vorwiegend in Qinghai, Xinjiang, Ningxia und Gansu siedeln. Die Miao und Yi sind im Süden und Südwesten weit verbreitet, und die Uiguren stellen den stärksten Bevölkerungsanteil der westlichen Uigurischen Autonomen Region Xinjiang.

Drei Millionen Mongolen leben in Nachbarschaft zu den angestammten Gebieten der Hui und Uiguren sowie verstreut in den Nordwestprovinzen Liaoning, Heilongjiang und Jilin. Die etwa vier Millionen Tibeter konzentrieren sich natürlich hauptsächlich im tibetischen Hochland, doch in nicht unbedeutender Zahl haben sie sich auch in den Nachbarprovinzen Sichuan, Qinghai und Yunnan niedergelassen.

Die Provinz Yunnan ist auch die Heimat von einer Million Angehörigen der Ethnie der Bai, während die 1,5 Millionen Dong in Guizhou, Hunan und Guangxi anzutreffen sind. Die kleine Minderheit der Dai (Vorfahren der Thai-Stämme Thailands) bewohnt in Yunnan die grenznahen Gebiete zu Myanmar (Burma).

Die meisten Minderheiten haben farbenprächtige Trachten für Frauen und Männer entwickelt und pflegen ihre Traditionen. Einige haben buddhistische Sitten und Bräuche bewahrt, die ihren Ursprung in Burma oder anderswo in Südostasien haben; vor allem im Frühling und Herbst werden farbenprächtige und lebendige Feste gefeiert.

Oben links: Die beiden mächtigen Felsblöcke am Himmelssee nördlich von Lhasa in Tibet sind mit Gebetsfahnen geschmückt. Der ausgedehnte See liegt fast 5000 m über dem Meeresspiegel.

Oben rechts: Einen spektakulären Anblick bietet der Yumbulhakhang (Palast von Mutter und Sohn). Das ursprüngliche Gebäude stammte aus dem 1. Jahrhundert n. Chr. Nach seiner fast vollständigen Zerstörung wurde das nun als Kloster dienende Gebäude in den 1980er Jahren wiederaufgebaut.

Unten: Ein zarter Regenbogen spannt sich über den Jokhang-Tempel in Tibets Hauptstadt Lhasa. Die ältesten Teile der Anlage wurden im 7. Jahrhundert zum Gedenken an die Hochzeit eines tibetischen Herrschers und einer chinesischen Prinzessin der Tang-Dynastie errichtet. Im Laufe der Zeit wurden sie beträchtlich erweitert.

Oben: Majestätisch thront der Maiji Shan in der Provinz Gansu in der Landschaft. Seit dem 3. Jahrhundert wurden über 190 Grotten und Nischen in sein recht weiches Gestein gegraben. Einige der ältesten Skulpturen weisen deutliche Einflüsse der zentralasiatischen Kultur auf. In den Höhlen sind hauptsächlich buddhistische Skulpturen zu bewundern, doch auf 1300 m² Fläche geben auch Wandmalereien in anschaulicher Weise Auskunft über alte chinesische Architektur und Rituale.

Unten: Die Umgebung des Wudang-Gebirges und der Stadt Danjiangkou in der Provinz Hubei ist eines der großen daoistischen Zentren Chinas und Heimat der unter dem Namen „Wudangquan" bekannten Körperübungen. Die Bergkette erstreckt sich etwa 600 km weit durch den Norden der Provinz. Die daoistischen Gebäude auf dem Bild unten stammen aus der Zeit der Yuan- und Ming-Dynastie (1271–1644).

Rechts: Der Emeishan in der Provinz Sichuan gehört zu den vier heiligen Bergen des Buddhismus in China. Die beiden chinesischen Schriftzeichen für „Emei" lassen sich mit den Worten „hochgeschwungene Augenbraue" übersetzen und klingen ähnlich wie die ersten beiden Laute der buddhistischen Gebetsformel „E-mi-tuo-fo". Nur wenig unterhalb der höchsten Stelle steht in 3077 m Höhe der Jin Ding Si, der Tempel des Goldenen Gipfels. Hier soll der Bodhisattva Pu Xian, ein Schüler Buddhas, gepredigt haben. Der Buddhismus erreichte China im 1. Jahrhundert n. Chr. auf dem Weg über die Provinz Sichuan.

Vorhergehende Seite

Oben: Die Überreste des tibetischen Königreichs Guge am Tu Shan: Das im frühen 10. Jahrhundert von einem Urenkel Langdarmas gegründete Reich war in hohem Maße für die Wiederbelebung des Buddhismus verantwortlich. 1630 wurde es von der königlichen Dynastie Ladakhs vernichtet.

Außen rechts: In Tibets Hauptstadt Lhasa zieht über dem Potala ein drohender Gewitterhimmel auf, während der Dunst über der Stadt noch im schräg einfallenden Sonnenlicht liegt. Der mächtige Palast ist ein hervorragendes Beispiel für die tibetische Architektur des 17. Jahrhunderts. Damals wurde die Anlage stark vergrößert. Sie blieb bis Ende der 1950er Jahre die Residenz der Dalai Lamas. Über die Hügel im Zentrum des Bildes sind lange Schnüre mit Gebetsfahnen gespannt. Lhasa liegt 3658 m über dem Meeresspiegel und gehört damit zu den höchstgelegenen Hauptstädten der Welt.

Oben: Die Mogao-Grotten in Dunhuang, Provinz Gansu. Dunhuang war im Mittelalter ein wichtiges Zentrum an der Seidenstraße. In dieser inmitten einer Wüste gelegenen Oase trafen sich die nach Osten oder Westen ziehenden Handelskarawanen. Zwischen dem 4. und 14. Jahrhundert wurden Tausende von Grotten in die Wand gegraben. Als Dunhuang im vergangenen Jahrhundert vorübergehend verlassen wurde, versiegelten Mönche den größten Teil der Höhlen, so daß deren kostbare Inhalte, unter anderem eine Bibliothek mit zahlreichen Manuskripten, nicht verloren gingen. In den heute noch erhaltenen 492 Grotten sind 45 000 m^2 Wandmalereien und über 2500 bemalte Skulpturen zu bewundern.

Links: Die Stadt Nanchang in der Provinz Jiangxi ist als Ort des ersten Aufstandes unter kommunistischer Führung (1. August 1927) in die Geschichte eingegangen. Der Turm des Prinzen Teng (Teng Wang Ge) wurde 653 vom jüngeren Bruder eines Tang-Kaisers errichtet und im Lauf der Zeit mehrmals wiederaufgebaut, zum letzten Mal 1989 im Stil der Song-Dynastie. Er ist mit einem wahren Schatz an Inschriften, Gemälden und Jadeschnitzereien ausgestattet.

Rechts: Die Dacheng-Halle steht in dem weitläufigen Tempelbezirk in Qufu, Provinz Shandong. Er wurde zu Ehren von Konfuzius (551–479 v. Chr.) errichtet, der in Qufu geboren wurde. Zu der Anlage gehören zahlreiche prachtvolle Bauwerke, deren höchstes mit 32 m die Dacheng-Halle ist. Um die massiven Steinsäulen vor dem Eingang winden sich Drachen – die Kunstfertigkeit ihrer Gestaltung bezeugt, daß sie während der Blütezeit der Steinmetzkunst der Ming-Dynastie geschaffen wurden.

Oben: Hunderte von Gebetsfahnen tibetischer Hirten im Kreis Hongyuan der Provinz Sichuan. Sie tragen Aufschriften, die Wünsche und Bittgebete zum Ausdruck bringen. Die Tibeter glauben, daß der Wind die Gebete zum Himmel trägt.

Unten links: Im Autonomen Bezirk Xishuangbanna im Südwesten der Provinz Yunnan leben mehrere nationale Minderheiten. Die Pagode Manfeilong in der Nähe der Verwaltungshauptstadt Jinghong ist ein Bauwerk des Hinayana-Buddhismus.

Rechts: Die Große Wildganspagode (Dayan Ta) in Xi'an, Provinz Shaanxi, wurde als Aufbewahrungsort für die buddhistischen Schriften erbaut, die der Pilger Xuan Zang Mitte des 7. Jahrhunderts aus Indien mitbrachte. Sie wurde mehrfach restauriert und vergrößert.

Unten rechts: Die 108 Dagobas in der Autonomen Muslimischen (Hui) Region Ningxia. Sie stammen wahrscheinlich aus dem im frühen 13. Jahrhundert untergegangenen Reich Xixia (tibetische Tanguten).

Gegenüber: Der Pagodenwald (Ta Lin) liegt im Westen des Shaolin-Klosters in der Provinz Henan. Über 220 Pagoden erinnern an berühmte Mönche, die hier zwischen der Tang- und Qing-Dynastie (618–1911) beigesetzt wurden. Das Kloster ist das chinesische Zentrum der buddhistischen Schule des Chan (Zen).

Gegenüber

Links: Die größte Steinskulptur der Welt, der Große Buddha von Leshan, in der Provinz Sichuan überwacht die Vereinigung der Flüsse Min und Dadu. Die aus einem Steilhang herausgearbeitete sitzende Figur ist mit 71 m höher als die größte stehende Buddhastatue in Bamiyan, Afghanistan. Der Buddha von Leshan stammt aus dem 8. Jahrhundert. An den Innenseiten der Beine wurden unsachgemäße Restaurationen vorgenommen.

Rechts: Der 17 m hohe Buddha in den Yungang-Grotten westlich der Stadt Datong, Provinz Shanxi, ist in friedvoller Sitzhaltung in Gesellschaft eines Schülers dargestellt. Gemessen an der kompakten Größe des Buddha sind die Wände mit Flachreliefs von äußerster Feinheit verziert.

Unten: Unweit von Beijing liegt in den Westbergen der Tempel der Azurblauen Wolken (Biyun Si). Die Halle der Luohan (buddhistisch: Arhat) beherbergt 500 vergoldete Holzstatuen.

Rechts: Diese Skulptur am Baodingshan in der Nähe der Stadt Dazu, Provinz Sichuan, zeigt den liegenden Buddha beim Einzug ins Nirwana. Sie ist über 30 m lang und auf drei Seiten von Schülerfiguren umgeben. Die Tang-Skulptur stammt aus dem 9. Jahrhundert.

Oben links: In dieser Halle des Tempels der Ewigkeit (Wannian Si) auf dem Emeishan, Provinz Sichuan, sitzen hinter Glas die Buddhas der drei Zeitalter, welche die Gläubigen an das vergangene, gegenwärtige und zukünftige Leben erinnern.

Unten links: Am Baodingshan bei Dazu ist in einer der Höhlen eine vergoldete Statue der Göttin der Barmherzigkeit zu bewundern, die in jeder Handfläche ein Auge hat.

Oben rechts: Der Tempel des Schlafenden Buddha in den Westbergen bei Beijing. Die Statue wurde im Jahre 1321, zur Zeit der Yuan-Dynastie, aus 225 Tonnen Bronze gegossen. Ihr mit Reliefarbeiten verzierter Umhang ist für Buddha-Bildnisse äußerst ungewöhnlich.

Unten Mitte: Die Statue Tsongkhapas, des Begründers der Gelbmützen-Schule des tibetischen Buddhismus, sitzt im Kloster Kumbum (Ta'er Si) bei Xining, Provinz Qinghai, in einer Nische der Großen Golddachhalle. Sie soll aus purem Gold gegossen sein.

Unten rechts: Die tausendarmige Göttin der Barmherzigkeit steht etwa 2 km östlich der Stadt Xiamen, Provinz Fujian, im Tempel Nan Putuo Si. Aus vergoldeter Bronze gefertigt, ist sie ein herausragendes Beispiel für diese Kunstgattung und läßt das enorme Geschick erahnen, das zur Schaffung eines solchen Werkes erforderlich ist.

Rechts: In der Manjushri-Halle des Shuxiang-Tempels am Wutai Shan, Provinz Shanxi, reitet eine Statue des Manjushri (er ist einer der wichtigsten Bodhisattvas des Mahayana-Buddhismus) auf einem wunderlich gefleckten Keramiklöwen aus der Tang-Dynastie.

Unten: Der Goldene Berg (Jinshan) bei Zhenjiang in der Provinz Jiangsu ist von etlichen Höhlen mit sehenswerten Schreinen durchzogen, und auf seinen Hängen erheben sich zahlreiche Tempel. In einem von ihnen steht eine mit einem Umhang geschmückte Statue der Göttin der Barmherzigkeit, die mit ihrer linken Hand die rechte Hand festhält – eine sehr ungewöhnliche Darstellung.

Außen rechts: In Shigatse, der zweitgrößten Stadt Tibets, steht im Kloster Tashilhunpo, der früheren Residenz des Panchen Lama, eine der größten Maitreya-Statuen Chinas. Unterhalb der Statue zieht ein Porträt des verstorbenen Panchen Lama Erdeni den Blick des Besuchers auf sich.

Oben links: Frauen der nationalen Minderheit der Miao. Fünf Millionen Miao, die sich in verschiedene Gruppen untergliedern, leben in Yunnan, Sichuan, Guangdong, Guizhou, Guangxi, Hunan und Hubei. Der Schmuck, den die beiden Frauen tragen – der kunstvolle zeremonielle Kopfputz, die Kolliers und die Halsketten aus reinem Silber –, wiegt zusammen jeweils mindestens ein Kilogramm.

Obere Reihe
Links: Über sieben Millionen Uiguren besiedeln die Provinz der Uigurischen Autonomen Provinz Xinjiang.

Mitte: Mehr als sechs Millionen Yi verteilen sich auf die Provinzen Sichuan, Yunnan, Guizhou und Guangxi. Die Trachten der Frauen fallen weniger durch Schmuckbesatz als durch feine, in mühsamer Handarbeit angefertigte Stickereien auf.

Rechts: Die weniger als 200 000 Menschen zählende nationale Minderheit der Tu lebt in der Provinz Qinghai. Die kunstvollen und farbenprächtigen Frauentrachten sind mit Perl- und Garnstickereien verziert.

Mittlere Reihe
Links: Die Nationalität der Bai zählt über eine Million Menschen, die hauptsächlich in der Provinz Yunnan leben. Wie die Miao tragen auch sie gerne üppigen Silberschmuck.

Mitte: Die über acht Millionen muslimischen Hui konzentrieren sich zum überwiegenden Teil in den westlichen Regionen von Xinjiang, Qinghai, Gansu und Ningxia. Die Schlichtheit der Frauentrachten steht in Einklang mit den muslimischen Grundsätzen.

Rechts: Nur etwa 4,5 Millionen Tibeter verteilen sich über das riesige, in weiten Teilen jedoch sehr menschenfeindliche Gebiet des überwiegend gebirgigen Tibet. Der Glaube an den lamaistischen Buddhismus findet selbst in den Trachten der Frauen seinen Niederschlag. Die Silberplättchen vor der Stirn symbolisieren die Blätter des Bodhi-Baums (*Ficus religiosa*), unter dem Buddha die Erleuchtung erlangt haben soll. Tibetische Türkise und Silber sind die Hauptbestandteile des Trachtenschmucks. Viele Tibeter haben sich in den Nachbarprovinzen Sichuan, Qinghai, Gansu und Yunnan niedergelassen.

Untere Reihe
Links: Die 4,8 Millionen Mongolen verteilen sich hauptsächlich auf die Innere Mongolei, Qinghai, Xinjiang und Gansu; kleinere Gruppen leben in Jilin, Heilongjiang und Liaoning. Das Bild zeigt eine Szene vom jährlichen Naadam-Fest. Viele Menschen kommen aus diesem Anlaß zusammen, um den Spielen und Unterhaltungsveranstaltungen beizuwohnen; doch das Fest ist auch von politischer und sozialer Bedeutung. Hier nehmen die Teilnehmer eines Kamelrennens Aufstellung. Im Mittelpunkt der Spiele stehen damals wie heute die Wettbewerbe im Bogenschießen und Ringen. Die Gewinner dieser Kämpfe sind als Ehemänner heiß begehrt.

Rechts: Die 1,5 Millionen Dong sind hauptsächlich in Guizhou, Hunan und Guangxi anzutreffen. Während des jährlichen Gesang- und Tanzfestes Duoye halten junge Menschen traditionell nach potentiellen Ehepartnern Ausschau. Das Instrument der Musiker, eine senkrecht gespielte Holzflöte, heißt *sheng*.

Oben: Im Gebiet Xishuangbanna der Provinz Yunnan sind die meisten Menschen Buddhisten. Die Dai, von deren Sprache das moderne Thai abstammt, üben ihren Glauben in zahlreichen Tempeln aus. Diese jungen Knaben verbringen ihr Pflichtjahr als Novizen.

Unten links: Ein Bauer beaufsichtigt an einem Frühlingstag seine Herde auf dem Lößplateau der Provinz Shaanxi.

Unten rechts: Ein relativ kleines Wasserrad am Lijiang in der Provinz Guangxi. Die größten dieser Wasserschöpfanlagen findet man am Gelben Fluß, wo sie Durchmesser von über 15 m erreichen.

Oben links: Der „Hüpf-Trommeltanz", aufgeführt von den Einwohnern von Luo Chuan in der Provinz Shaanxi. Die Tänzer, ausschließlich Männer, tragen Flaggen auf dem Rücken, die Tapferkeit symbolisieren. Der Tanz wird gewöhnlich nur zum Neujahrsfest aufgeführt.

Unten links: Mit ungestümen Temperament wirbeln die Männer beim traditionellen Drachentanz die Führungsstangen des Drachen herum. Der Tanz wird überall in China aufgeführt; der Anlaß kann jedes wichtige gesellschaftliche Ereignis sein, das es zu feiern gilt.

Oben rechts: Die Herstellung ausdrucksvoller Scherenschnitte aus Papier ist eine uralte Volkskunst. Das Dekorieren der Fenster gehörte früher zu den unverzichtbaren Neujahrszeremonien.

Mitte rechts: Die Pekingoper ist eine Mischung aus Gesang, Schauspiel, traditionellem Tanz und Mimik. Die beiden Gestalten in der Bildmitte spielen einen General (links) und eine Frau (deren Rolle wie diejenige aller weiblichen Charaktere in der Pekingoper von einem Mann gespielt wird). Am linken Bildrand ist der Chou, der die komische Rolle spielt, an seinem teilweise weiß geschminkten Gesicht zu erkennen. Der Schauspieler rechts stellt einen alten Mann dar. Die Pekingoper ist die klassische Form der chinesischen Oper. In den einzelnen Provinzen gibt es zahlreiche lokale Varianten, unter anderem eine, in der sämtliche Charaktere Geister sind.

Unten rechts: In einem lokalen Wettbewerb messen sich die Gegner im Xiangqi, der chinesischen Variante des Schachspiels. Das Spiel ist in China so alt wie im Westen.

Gegenüber
Oben links: Der Löwentanz ist eine weitere populäre Form der Unterhaltung, die in ganz China verbreitet ist. Der alte und der junge Löwe tanzen zu den Bewegungen eines Balles, den eine dritte Person mittels einer Stange vor ihnen hin und her schwingt.

Unten links: Die Braut bei einer Hochzeit in einem Fischerdorf trägt einen roten Schleier und wird in einem Holzbottich vom Boot ihrer Familie getragen. Das chinesische Schriftzeichen besagt: „Doppeltes Glück".

Mitte rechts: Zubereitung einer Hirsemahlzeit in einer Garküche auf Beijings Straßen.

Mitte unten: Das chinesische Äquivalent der westlichen „Kandisäpfel" – Beeren, die mit einem glasierten Zuckermantel überzogen sind.

Außen rechts: Vater und Sohn (Angehörige einer der nationalen Minderheiten der Provinz Sichuan) blasen während des Frühlingsfestes in Qianjiang die kurze chinesische Trompete (*laba*).

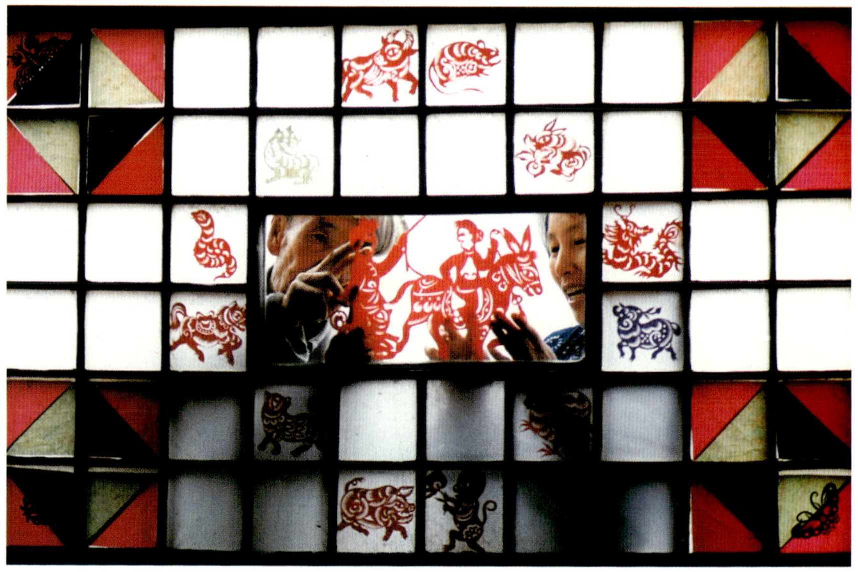

会

茶湯

DIE VIELFALT CHINESISCHER BAUTEN

Die grosse geographische Ausdehnung und die damit verbundene Vielfalt der Landschaften spiegelt sich auch in der regional unterschiedlichen Bauweise wider. Diese mußte an die natürlichen Gegebenheiten der einzelnen Gebiete angepaßt sein. Auch das Klima spielt in diesem Zusammenhang eine bedeutende Rolle. Im Norden, wo harte Winter die Regel sind, ist ein angemessener Schutz vor der Kälte lebensnotwendig – um so mehr, als Heizmaterialien akute Mangelware sind. Bis vor wenigen Jahrzehnten war es in großen Teilen Zentralchinas für die Dorfbewohner sehr schwierig, genügend Reisig für das Befeuern ihrer Kochtöpfe zu sammeln, und in den mäßig kalten Wintern froren sie aus Mangel an Brennstoffen, denn man verbrannte nichts um der bloßen Wärme willen.

In der Region des Gelben Flusses und im Süden Zentralchinas machten sich die Menschen den leicht zu bearbeitenden Lößboden zunutze. Die Knappheit an Brennstoffen und der jährliche Wechsel zwischen kalten Wintern und verhältnismäßig langen, sehr heißen Sommern veranlaßte die Bevölkerung schon vor langer Zeit, Höhlen in die feste gelbe Erde der Steilhänge zu graben. Sie legten in kleinem Maßstab ganze „Dorfplätze" an und schürften von dort aus Wohnräume aus, die zum Teil sogar unter dem Niveau des Bodens liegen. Diese Wohnräume sind im Sommer angenehm kühl. Im Winter kann das aus Lehm gebaute Bett (*kang*) durch ein Rohr, das warme Luft von der draußen befindlichen Kochstelle herbeiführt, von unten beheizt werden.

In einigen begünstigten Regionen liefern Wälder den Menschen Holz als leicht verfügbaren Rohstoff. Er dient als Baumaterial für die hier üblichen Holzhäuser und steht auch in ausreichendem Maße als Brennmaterial zur Verfügung. Häuser aus Naturstein sind in China selten, doch es gibt sie in verschiedenen Teilen der Provinz Sichuan. Weit verbreitet ist hingegen die Bauweise mit gebrannten und ungebrannten Ziegelsteinen.

Verschiedene Volksgruppen – wie zum Beispiel die Hakka in der Provinz Fujian – bevorzugen große runde oder viereckige Baukomplexe als gemeinschaftliche Wohnbereiche. Hauptmotiv für diese Wohnform war das Bedürfnis, sich gegen Angriffe von außerhalb zu schützen. Die großen Wohnkomplexe aus Ziegelsteinen haben im Erdgeschoß und oft auch in den Obergeschossen nach außen hin keine Fenster. Das Leben spielt sich in den einzelnen Etagenwohnungen ab, aus denen man in die runden oder viereckigen Innenhöfe blickt, die Schauplatz aller gemeinschaftlichen Aktivitäten sind.

In Yongding, Fujian, stehen mehrere runde Wohnkomplexe, in denen jeweils zwölf oder mehr Familien zusammenleben. Die Außenwände sind etwa einen Meter dick – in der Vergangenheit ein bewährter Schutz gegen Feinde und damals wie heute ein solider Wall gegen Taifune, deren mächtiges Wüten alles bedroht, was nicht stark genug befestigt ist.

In manchen Gegenden werden bestehende Wohnhöhlen vergrößert und mit Vorbauten versehen. An anderen Orten zwingen Bevölkerungsdruck und Mangel an Ackerland (vor allem in den Reisanbaugebieten des Südens) die Menschen, ihre Häuser dichtgedrängt zu bauen, so daß aus der Luft zwischen den dunklen Ziegeldächern nur hier und da ein gemeinsam genutzter Hof zu sehen ist, der sich als viereckiger Freiraum zum Himmel öffnet.

Auf den scheinbar endlosen Graslandflächen in Teilen Sichuans und weiter nordwestlich, wo Nomadentum in der Vergangenheit eine weitaus gebräuchlichere Lebensform war als heute, bevorzugen die Hirten und ihre Familien verschiedene Arten zusammenlegbarer und transportabler Unterkünfte – wie beispielsweise die Jurte, das traditionelle Zelt der Hirtennomaden in den Wüsten- und Graslandgebieten entlang der alten Seidenstraße. Einfachere Zelte haben sich bei sommerlichem Wetter, den jährlichen Vieh- und anderen Märkten sowie bei Volksfesten bewährt, die viele Menschen anlocken.

Oben: Besonders einfach sind die Bauten der Duwa, die zur mongolischen Minderheit gehören und im Dorf Behaba der Autonomen Region Xinjiang leben. Sie bestreiten ihren Lebensunterhalt durch Viehwirtschaft. Ihre Holzhütten sind mit Lehm gedeckt, der in der Sonne getrocknet wurde .

Unten: In scharfem Kontrast zu den Hütten mit Lehmdächern stehen diese modernen Häuser für wohlhabende Bürger in Zhuhai, der modernen Wirtschaftssonderzone an der Grenze zu Macao im Süden Chinas.

Oben: Im Dorf Liujiang in der Nähe von Leshan, Provinz Sichuan, sind viele Holzhäuser auf einer Grundmauer aus Flußgestein erbaut, das als Fundament solider ist als der leicht abbröckelnde Hügelboden. Die Wurzeln des in gleicher Weise gesicherten alten Baumes geben dem Gebäude zusätzlichen Halt.

Rechts: Im Norden Chinas ist der Winter lang und hart. Dieses Bauernhaus im Kreis Hailin in der Provinz Hailongjiang ist tief eingeschneit. Rote Papierstreifen mit Inschriften zieren das Hoftor, und im Garten baumeln leuchtend rote Laternen. Zur Feier des gewöhnlich in den Februar fallenden Neujahrsfestes werden die Türpfosten landesweit mit glückverheißenden Sprüchen geschmückt.

Oben links: Die Rundhäuser der Hakka in Yongding, Provinz Fujian, werden von mehreren Familien gleichzeitig bewohnt.

Oben rechts: Hofbereich und Räumlichkeiten des alten Landguts Jiangyaozu im Kreis Mizhi, Provinz Shaanxi, grenzen an Höhlen in einer Felswand, die als zusätzlicher Wohnraum zur Verfügung stehen.

Unten links: Steinhäuser der Qiang in Ma'erkang, Provinz Sichuan. Das höchste Gebäude des Dorfes dient traditionell als Wachturm. Diese Form des Häuserbaus ist typisch für die Qiang, die zu den ältesten nationalen Minderheiten Chinas gehören.

Unten rechts: Am Ufer des Flusses Qinhuai in Nanjing haben die Einheimischen ihre Häuser über dem Wasser gebaut, um jedes verfügbare Stück Land für den Ackerbau nutzen zu können. Überdachte Boote vereinfachen den örtlichen Verkehr und Transport.

Oben: Die Wohnbereiche der einzelnen Familien sind in einigen Teilen West-Sichuans unter den dicht aneinander gedrängten Dächern kaum auszumachen. Nur kleine Höfe, in denen die Wäsche trocknet, öffnen sich hier und da zum Himmel.

Links: Das Dorf Zhangzhao im Bereich der Sanmen-Schluchten des Gelben Flusses, Provinz Henan. Die Wohnräume liegen hier in Höhlen unterhalb des Straßenniveaus und sind über die in den Boden eingelassene Treppe zu erreichen.

Folgende Seiten
S. 114–115: Eine Zeltstadt bei Litang im weiten Grasland der Provinz Sichuan. Im Gegensatz zu vielen anderen Regionen Chinas scheint der Raum hier unendlich weit zu sein. Zeltstädte wie diese entstehen für gewöhnlich in der Nähe einer Wasserstelle, die den Menschen ein Reservoir und den Tieren eine Tränke ist.

Links: Im Kreis Aba, Provinz Sichuan, wo viele Tibeter leben, wurden neue Häuser in dem kompakten Baustil errichtet, der auch für Tibet selbst typisch ist.

Rechts: Im Gebiet von Dongshan, in der Provinz Fujian, zeigen die Häuser die für Südchina typischen reichen Verzierungen der Dachfirste. Die Keramikskulpturen stellen Gestalten und Szenen aus chinesischen Lokalopern dar. Ihre Namen und Bezeichnungen sind manchmal auf kleinen Schrifttafeln in die Gesamtkomposition einbezogen.

Rechts: Aus erhöhtem Blickwinkel ist vom Alltagsleben in Lijiang am Oberlauf des Yangtze nicht viel zu sehen, denn die Gassen zwischen den Wohnhäusern sind schmal; nur hier und da ist ein kleiner Hof zu erkennen. Das Gewirr der Dächer wirkt wie ein aufgewühltes Meer aus Dachziegeln.

CHINA HEUTE

IM GEGENSATZ ZUR ENTWICKLUNG IN DER westlichen Welt blieben die chinesischen Städte bis lange nach der Revolution von 1911 relativ klein. Hauptursache dafür war, daß die Industrielle Revolution, die Menschen in großer Zahl in den Produktionszentren bindet, in China erst in den letzten Jahren des 19. Jahrhunderts begann und zunächst nur auf sehr wenige Orte beschränkt blieb. Die Anfänge der Schwerindustrie in der nordwestlichen Provinz Liaoning liegen in den 1890er Jahren, und in Shanghai war die Entwicklung von Fabrikarbeit in größerem Maßstab ein Phänomen des 20. Jahrhunderts. Allerdings gab es auch in China große Produktionszentren, wie zum Beispiel das traditionelle Keramikgebiet von Jingdezhen in der Provinz Jiangxi, wo die Keramikindustrie ihre Waren bereits schon sehr früh – lange vor Einführung dieser Fertigungsmethode im Westen – in Massenproduktion anfertigte. Nachdem die Song-Dynastie ihre Hauptstadt 1127 nach Süden verlegt hatte, vergrößerte sich Jingdezhen beträchtlich, und in den Fabriken wurde die Massenproduktion von Keramiken höchster Qualität perfektioniert. Doch zum überwiegenden Teil blieb die chinesische Industrie bis ins späte 19. Jahrhundert auf einen kleinen Maßstab beschränkt.

Bis zur Ausrufung der Volksrepublik China 1949 waren die meisten Groß- und Kleinstädte von alten Stadtmauern umgeben. Reisende standen nach der Durchquerung großer landwirtschaftlicher Gebiete mehr oder weniger abrupt vor mächtigen langen Mauern, über deren großen Toren sich Wachtürme erhoben. Und sobald man die Tore durchschritten hatte, fand man sich in schmalen Gassen inmitten eines lebendigen Alltags- und Handelslebens wieder, das von Menschen, Fahrzeugen, dem Geschrei der Verkäufer und vielen anderen exotischen Eindrücken geprägt war.

In den ehemaligen Hauptstädten der unterschiedlichen Dynastien sind die Spuren zumindest der jüngsten Mauerverläufe oft bis zum heutigen Tage an der Anlage des Straßennetzes erkennbar (und beispielsweise in Beijing an dem einen oder anderen alten Tor). Die modernen breiten Straßenzüge entstanden erst nach 1949, vorher waren Gebäude mit mehr als zwei Stockwerken die Ausnahme. Das ist heute anders. Besonders in den vergangenen zwei Jahrzehnten sind überall Hochbauten (die hin und wieder mit einem geschwungenen Ziegeldach versehen sind) nach dem Vorbild der westlichen Architektur aus dem Boden gewachsen, so daß die Zentren vieler Städte einen ähnlich ungeordneten Eindruck erwecken wie Manhattan zur Zeit des Baus der ersten Wolkenkratzer.

In fast allen chinesischen Städten gibt es interessante historische Hinterlassenschaften. Manche Städte, wie zum Beispiel Beijing, fließen geradezu über vor Tempeln, Palästen und anderen architektonischen Besonderheiten aus einer fernen Vergangenheit. Noch heute sind im Osten Beijings ganze Stadtviertel im Stil der alten lokalen Architektur erhalten; die auf Innenhöfe ausgerichteten Häuser haben zur Straßenseite nur eine einzige Toröffnung, die nicht selten noch durch eine Sperrmauer geschützt ist, um den bösen Geistern, die ihre Ziele nur in gerader Linie erreichen können, den Zutritt zu verwehren. Doch was noch vor 40 Jahren Norm war, ist heute die Ausnahme.

Im Süden, vor allem in Suzhou, wo die alten Strukturen häufig noch erhalten sind, gibt es nach wie vor ein bemerkenswertes Netz von Kanälen, Seen und Brücken.

In der südlichen Provinz Guangdong, wo im 19. Jahrhundert die westlichen Händler Fuß faßten, sind wenig alte, dafür um so mehr (nun rasch verschwindende) altmodische Gebäude erhalten, die damals behelfsmäßig für den Handel entstanden. Auch vom alten Shanghai lebt noch einiges fort, obwohl es rapide im westlichen Stil aufgebaut wurde. Am Bund, der weltberühmten Uferpromenade, stehen viele große Gebäude aus den 1920er und 1930er Jahren, die etwas übereilt für die modernen Computerbüros unserer Zeit umgestaltet wurden.

Den modernen Reisenden erschreckt das eifrige Bestreben der Chinesen, mit dem Alten aufzuräumen – was allerdings nicht aus freier Entscheidung oder Geringschätzung des Alten, sondern aus purer Notwendigkeit geschieht. Im kurzen Zeitraum von nur 30 Jahren hat sich das Gesicht der chinesischen Städte grundlegend verändert. An die Stelle früherer Beschaulichkeit ist in unterschiedlichem Ausmaß die Atmosphäre des wirtschaftlichen Aufbruchs getreten.

Oben: Blick von Süden aus der Vogelperspektive auf das Herz von Beijing – auf das moderne und das kaiserliche alte. Vorn verzweigt sich die Straße vor dem ehemaligen Vordertor der Stadt, dem massiven Qian Men. Noch vor 40 Jahren verlief die Stadtmauer links und rechts von diesem Tor, das historisch die Südstadt von der im Norden gelegenen Kaiserstadt trennte.

Hinter einem zweiten Torgebäude mit roten Säulen erstreckt sich der Platz des Himmlischen Friedens. Zunächst gelangt man von hier zum quadratischen, mit weißen Säulen verzierten Mausoleum des Mao Zedong, das mit niedrigen Bäumen umpflanzt ist. Dahinter erhebt sich der Obelisk des Denkmals der Volkshelden. Zur linken Seite des Platzes steht die Große Halle des Volkes, die 1959 zur Feier des 10. Jahrestages der Revolution innerhalb von nur zehn Monaten errichtet wurde. Ihr gegenüber befinden sich auf der anderen Seite des Platzes das Museum der Chinesischen Geschichte und das Museum der Chinesischen Revolution.

Auf der Nordseite des Platzes steht das Tianan Men, das Tor des Himmlischen Friedens. Es bildet den Zugang zum früheren kaiserlichen Palast und heutigen Palastmuseum. In gerader Linie dahinter erheben sich die mit gelben Ziegeln gedeckten Dächer der Hauptgebäude der Anlage, die im Norden vor einem grünen Bereich enden – dem Jingshan-Park mit dem Aussichtshügel. Links vom Tianan Men liegt Zhongnanhai, ein locker begrüntes Gebiet, in dem die Führungselite der Volksrepublik lebt und arbeitet.

Unten: Beijings Olympiastadion und das olympische Dorf wurden 1990 fertiggestellt. Das „Dorf" besteht aus neun hohen Wohnblöcken, in denen 6500 Athleten und Trainer untergebracht werden können. Das Restaurant für die Athleten hat die Größe eines halben Fußballfeldes und soll das größte seiner Art in ganz China sein.

Oben links: Der Riyue Tan (Sonne-Mond-See) in Taiwan ist der größte natürliche See der Insel. Er liegt 760 m über dem Meeresspiegel.

Unten links: Inmitten der dicht bewaldeten Hänge der Stadt Qingdao, am südlichen Zipfel der Halbinsel Shandong, stehen zahlreiche Villen, deren rote Dächer sich vom grünen Blattwerk der Bäume abheben. Das bekannteste Erzeugnis von Qingdao ist ein Lagerbier. Den Grundstock für diese Industrie legten um das Jahr 1900 die Deutschen.

Rechts: In einer der Haupteinkaufsstraßen Beijings, der Xi Chang´an Jie (Westliche-Chang´an-Straße), zieht die grelle Fassade von McDonald´s die Blicke auf sich.

Folgende Seiten
S.120–122: In der Nacht zum Chinesischen Neujahr erstrahlte der Himmel über Beijing früher taghell, da die Öffentlichkeit das von offizieller Seite veranstaltete Feuerwerk mit unzähligen eigenen Feuerwerkskörpern ergänzte. Um Brände zu verhüten, ist Privatleuten das Zünden von Feuerwerkskörpern seit 1994 untersagt.

Unten: Das neue Museum von Shanghai wurde am 12. Oktober 1996 eröffnet. Die große Sammlung des alten Museums konnte in den letzten Jahrzehnten um bedeutende Exponate erweitert werden. Das Museum präsentiert mit Stolz eine der weltweit besten Sammlungen chinesischer Kunst.

Rechts: Der Fernsehturm von Dongfang Mingzhu (Oriental Pearl Television), der das Stadtbild des modernen Shanghai prägt, ist das höchste Bauwerk Asiens. Diesseits des Flusses Huangpu steht im Vordergrund links der weiße Obelisk des Denkmals der Volkshelden. Das helle viereckige Hochhaus weiter rechts ist der Firmensitz der Hongkong and Shanghai Bank. Noch weiter rechts erheben sich der Uhrturm des Seezollamtes und die Kuppel des Bauwerks, in dem früher die Stadtverwaltung arbeitete und heute die Pu Dong Development Bank ansässig ist. Im vergangenen Jahrzehnt hat sich das Stadtbild Shanghais grundlegend verändert. Überall sind Hochhäuser in verschiedenen modernen Architekturstilen aus dem Boden gewachsen.

Vorhergehende Seiten
S.123–125: Das Panorama zeigt die zentralen Stadtteile Hongkongs zu beiden Seiten des Hafenbezirks. Vom Gipfel des Victoria Peak schweift der Blick im Vordergrund über den auf Hongkong Island gelegenen Stadtteil Victoria. Das Gebäude mit den runden Fenstern, das in der Bildmitte in Ufernähe zu sehen ist, ist Jardine House, die Hauptgeschäftsstelle von Jardine Matheson. Dieses Handelshaus ließ sich als eines der ersten auf der Insel nieder, nachdem sie vor 156 Jahren von den Briten annektiert worden war. Nur wenig weiter links erheben sich die Zwillingstürme des Exchange Square; hier befinden sich die Zentrale der Hongkong Land Company, die Börse und die Hauptgeschäftsstellen vieler internationaler Banken und Unternehmen. Auch das niedrigere Hochhaus weiter links gehört zum Exchange Square; hier befinden sich die Büros weiterer internationaler Banken und Firmen. Das Gebäude rechts im Bild (mit den beiden roten Lichtern an der Bildoberkante) ist das höchste auf Hongkong Island und Stammsitz der neuen Bank of China. Gebaut wurde es nach einem Entwurf des amerikanischen Architekten chinesischer Abstammung I. M. Pei.

Auf der anderen Seite des Hafenbezirks liegt Kowloon (Jiulong: Neun Drachen). Der Name bezieht sich auf die weiter nördlich gelegenen Hügelketten. Das angestrahlte Gebäude mit der geschwungenen Dachkonstruktion oberhalb der Stelle, an der sich die Lichterstreifen der Fähren treffen, beherbergt das Kulturzentrum mit Konzerthallen, einem Theater und einer Ausstellungshalle.

Folgende Seiten
S.128–129: Blick nach Osten auf Beijings Chang'an-Straße. Links dominieren die roten Tribünen vor dem Tor des Himmlischen Friedens (Tianan Men), dessen Doppeldach die Blicke auf sich zieht. Die Tribünen sind für Ehrengäste reserviert, die von hier aus den Paraden zuschauen, die zu feierlichen Anlässen über die Prachtstraße ziehen. Über den mit Marmor eingefaßten Wassergraben, der den gesamten Palastbezirk umschließt, führen marmorne Brücken. Rechts öffnet sich der Platz des Himmlischen Friedens; im Hintergrund erkennt man das Museum der Chinesischen Geschichte.

NEC
SITICO

中华人民共和国万岁
世界人民大团结万岁

Rechts: Die beliebte Touristenstadt Hangzhou.

Unten links: Nanjing, heute Hauptstadt der Provinz Jiangsu, gehört zu Chinas alten Hauptstädten und blickt auf eine besonders ereignisreiche Vergangenheit zurück. Die strategische Lage zwischen Bergen und Flüssen sowie das vom Yangtze genährte fruchtbare Hinterland machten die Stadt schon früh zum Handelszentrum der Region und zu einem der wichtigsten Orte am Verlauf des mächtigen Flusses. Heute ist Nanjing eine bedeutende Industriestadt. 1949 wurde die Stadt von den kommunistischen Truppen erobert. Der Staatsmann und Dichter Mao Zedong rühmt dieses Ereignis in seinem Gedicht „Die Volksbefreiungsarmee nimmt Nanjing ein":

Über Zhongshan peitschen Sturm und Regen.
Millionen stark, überquert das tapfere Heer den mächtigen Strom.
Die Stadt: ein sich duckender Tiger, sich windender Drache, besiegt wie nie.
Heroischer Triumph – Aufruhr im Himmel, auf Erden Tumult.

Am Stadtrand säumen bewaldete Ufer den Xuanwu-See, dessen fünf Inseln durch Dämme verbunden sind.

Unten rechts: Die Küstenlinie der Insel Hainan bietet einen idyllischen Anblick, der an touristische Werbeplakate für eine Südsee-Insel erinnert.

Gegenüber unten: Dalian gehört zu den wichtigsten Hafenstädten Chinas und besitzt den größten Ölhafen des Landes. Hier werden viele Produkte aus Liaonings Schwerindustrie sowie Rohöl verschifft. Die Hafenanlagen können Tanker der Größe 50 000 und 100 000 BRT versorgen. Durch Rohrleitungen gelangt das Öl aus den Tanks auf dem nahen Berg Hualingshan zum Hafen hinab. Mit über fünf Millionen Einwohnern gilt Dalian als das Haupteingangstor zu Nordchina.

Folgende Seite
S.132: Weit abseits der modernen Industriestädte mit ihren hektischen Menschenmassen fährt in der Provinz Zhejiang ein Fischer mit seinen Kormoranen auf den friedlich dahinströmenden Fluß Nanxi hinaus.

HEILONGJIANG
Harbin
Bauernhaus im Kreis Hailin (111)
Urumqi
Himmelssee (42)
MONGOLEI
Changchun
JILIN
UIGURISCHE AUTONOME REGION XINJIANG
Himmelssee im Changbai-Gebirge (55)
INNERE
Kaiserliche Sommerresidenz und Tempel in Chengde (80–81)
Shenyang
Tempel des Schlafenden Buddha (104)
LIAONING
Hohhot
Ming-Gräber (60)
Fünfhundert Luohan (Arhat) (102–103)
Mogao-Grotten (99)
AUTONOME
REGION
Sommerpalast (76–79)
Große Mauer (10–12) (24–27)
Beihai-Park (93)
Himmelstempel (72–75)
BEIJING (60–79) (118–122) (128–129)
Kaiserliches Palastmuseum (62-70)
GANSU
Zhoukoudian, Fundstätte des Pekingmenschen (18)
Yungang-Grotten (102)
Tianjin
Hafenstadt Dalian (131)
Yinchuan
Wutai Shan (105)
Galoppierendes Bronzepferd auf Heiligem Vogel (19)
Herrenhaus in Mizhi (112)
Shijiazhuang
Einhundertacht Dagobas (101)
Taiyuan
HEBEI
Vogelinsel (53)
Xining
AUTONOME HUI-REGION NINGXIA
SHANXI
SHANDONG
QINGHAI
Kloster Ta´er Si (104)
SHAANXI
Jinan
Hafenstadt Qingdao (119)
Taishan (42)
Haus in der Nähe der Drei Schluchten (112–113)
Konfuziustempel, Grabmal und Familienresidenz in Qufu (99)
Fluß Tuotuo (35)
Sonne-Mond-Berg (53)
Lanzhou
Tang-Mausoleen (60)
Überreste des Königreichs Guge (97)
Neolithisches Dorf Banpo (19)
Gelber Fluß (14)
Große Wildganspagode (101)
Zhengzhou
Maiji Shan, Grotten (98)
Xi´an
Huashan (42)
Schlucht von Jiuzhaigou (56–58)
Mausoleum des Ersten Qin-Kaisers, Terrakotta-Armee (18) (20–21)
Pagodenwald in Shaolin (100)
JIANGSU
AUTONOME REGION TIBET
Huanglong (58)
HENAN
Ming-Mauer
Tibetische Häuser (116)
Hahnenkamm-Höhle (54)
Goldener Berg, Tempel (105)
Namco-See (96)
Häuser der Qiang-Minderheit (112)
Wudang-Gebirge (98)
Häuser am Fluß Qinhuai (112)
Schmaler Westsee (87)
Nanjing (130)
Gärten in Suzhou (82–87)
Häuser in West-Sichuan (113)
Hefei
Taihu-See (38)
Kloster Tashilhunpo (105)
Jokhang (96-97)
Grasland von Ganzi (46–48)
SICHUAN
HUBEI
Schildkrötenkopf-Insel (87)
Shanghai (126–127)
Lhasa
Potala (97)
Zeltbehausungen im Grasland bei Litang (114–115)
Chengdu
ANHUI
Hangzhou (88–92) (130–131)
Chomolungma (Mt. Everest) (55)
Huangshan (40–41)
Buddhistische Steinskulpturen von Dazu (103) (104)
Wuhan
Großer Buddha von Leshan (102)
Westsee (88–92)
Shaoxing (43)
Emeishan (98) (104)
Lushan-Nationalpark (42)
Schneegipfel im Meili-Gebirge (38)
Chongqing
ZHEJIANG
Wulingyuan-Nationalpark (Zhangjiajie) (59)
Nanchang
Fluß Nanxi (22–23) (132)
Turm des Prinzen Teng (99)
Teich des Schwarzen Drachens und Jadedrachenberg (94–95)
Changsha
JIANGXI
GUIZHOU
HUNAN
Goldsandfluß (Yangtze) (36–37)
Alte Stadt Lijiang am Yangtze (117)
Guiyang
Fuzhou
Wasserfall Huangguoshu (39)
FUJIAN
YUNNAN
Kunming
Karstberge und Flußlandschaft von Guilin (4–5) (30–34)
Tempel Nan Putuo (104)
Wohnhäuser der Hakka-Minderheit (112)
Taibei
Hausdach in Dongshan, Fujian (116)
Fluß Lijiang (33–34)
Sonne-Mond-See (119)
AUTONOME ZHUANG-REGION GUANGXI
GUANGDONG
Pagode Manfeilong (101)
Guangzhou (Kanton)
TAIWAN
Sieben-Sterne-Felsen (44–45)
Nanning
Macao
Hongkong (123–125)
Haikou
HAINAN
Yalong-Bucht (130)
AUTONOME ZHUANG-REGION GUANGXI
GUANGDONG
FUJIAN
TAIWAN
HAINAN
Inseln im Südchinesischen Meer

Collins

MATHS FRAMEWORKING

Complete success for Mathematics at KS3

YEAR 9

PRACTICE BOOK 3

ANDREW EDMONDSON

Contents

CHAPTER 1 Algebra 1 & 2

Practice 1A Sequences

1 Find the next three terms in these sequences.

a 4, 11, 18, 25 ...
b 100, 92, 84, 76 ...
c –25, –19, –13, –7 ...
d 2.43, 2.54, 2.65, 2.76 ...
e 3, 5, 8, 12, 17 ...
f 1, 3, 7, 13, 21 ...

2 Write down the first four terms of the sequences with these nth terms.

a $6n + 2$
b $3n - 10$
c $-2n + 3$
d $\frac{n+1}{2}$
e $0.7n$
f $2.3n - 0.4$
g $n^2 + 4$
h $2n^2 + 3n$
i $5n^2 + 2n - 3$

3 Find the nth term for each of these sequences.

a 5, 10, 15, 20 ...
b 2, 3, 4, 5 ...
c 7, 10, 13, 16 ...
d 8, 18, 28, 38 ...
e –3, –6, –9, –12 ...
f –10, –8, -6, –4 ...
g 0.3, 0.6, 0.9, 1.2 ...
h 6.6, 7.4, 8.2, 9 ...
i $\frac{3}{2}, \frac{6}{3}, \frac{9}{4}, \frac{12}{5}$ ...

4 Find the nth term for each of these sequences.

a 25, 24, 23, 22 ...
b 12, 10, 8, 6 ...
c 100, 95, 90, 85 ...
d –4, –8, –12, –16 ...
e –5, –8, –11, –14 ...
f 7.2, 7, 6.8, 6.6 ...

5 The tables show Martha and Johan's bank balances during the first five weeks of 2003.

Johan's bank account

Week	1	2	3	4	5
Balance, £	970	1035	1100	1165	1230

Martha's bank account

Week	1	2	3	4	5
Balance, £	340	290	240	190	140

a Write a formula to show the balance of Johan's bank account after n weeks of 2003.
b Write a formula to show the balance of Martha's bank account after n weeks of 2003.
c What will be the balance of **i** Johan's **ii** Martha's bank account after nine weeks of 2003?

Martha and Johan combine their bank balances

d Make a new table to show their combined bank balance during the first five weeks of 2003.
e Write a formula to show their combined balance after n weeks of 2003.
f Martha and Johan are saving for a holiday that costs £2200. When will they have saved enough?

6 Write down the second differences for each of the quadratic sequences.

a $n^2 + 3n$ **b** $4n^2$
c $2n^2 - n + 1$ **d** $8n^2 + 6$

7 **a** Calculate the first 6 terms of the sequence with nth term $-n^2 + 3n$.
b Find the second differences of the sequence.
c Find the second differences of each of these quadratic sequences.
i $-2n^2 + 7$ **ii** $-5n^2 + 4n$
iii $-3n^2 - 2n + 2$ **iv** $-6n^2 + 4n - 5$

Practice

1B Pattern spotting

1 This diagram shows a growing pattern of equilateral mosaic tiles.

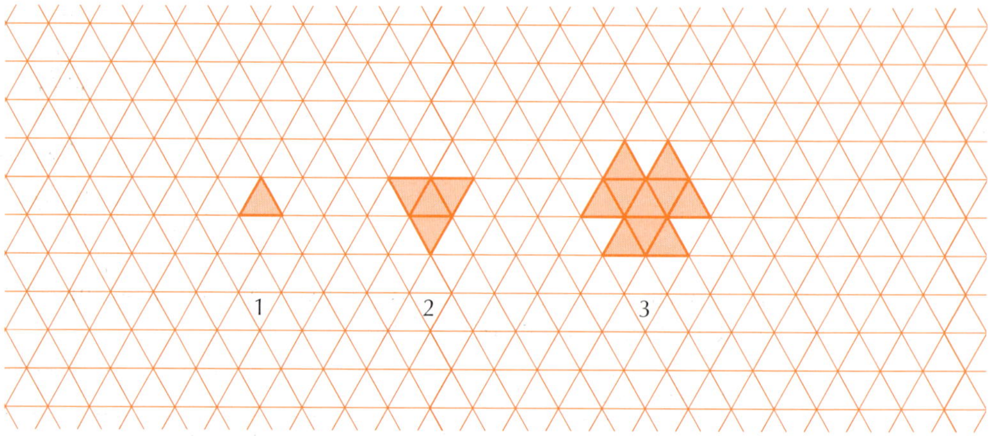

Each new pattern is made by placing a tile alongside every edge of the previous pattern.

a Use triangular grid paper to draw the next two patterns.
b Copy and complete this table.

Pattern number, n	1	2	3	4
Number of tiles in pattern	1	4		

c Describe a rule for finding the number of tiles in a pattern.
d **i** Use your rule to calculate the number of tiles in the fifth pattern.
ii Verify your rule works by drawing the fifth pattern.

2 This diagram shows how different numbers of flowerpots can be arranged in a row.

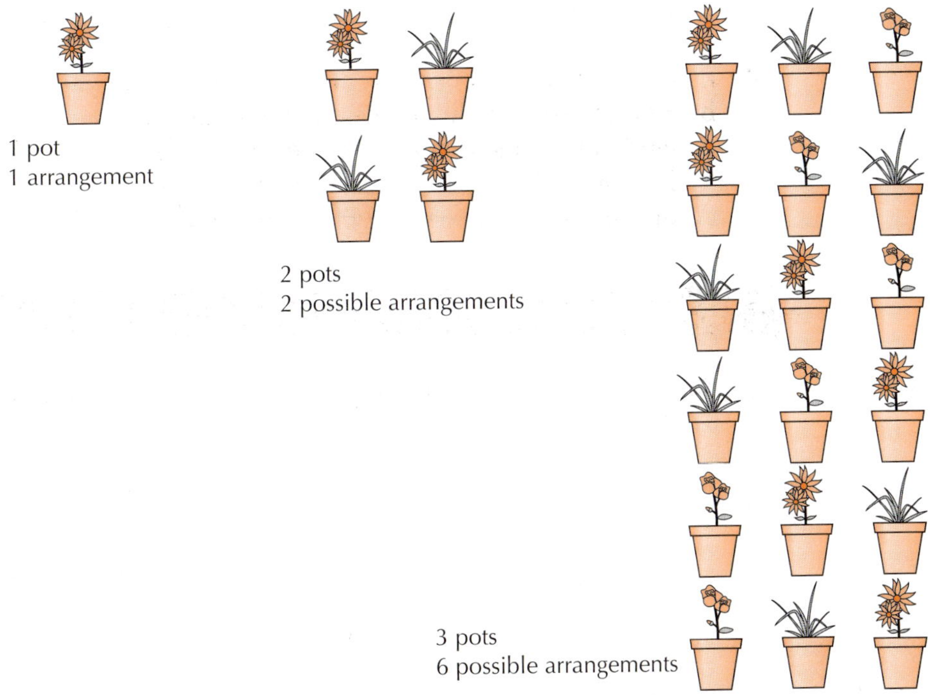

a Find the number of ways four flowerpots can be arranged in a row.
b Copy and complete this table.

Number of flower pots, *n*	1	2	3	4
Number of ways flower post can be arranged in a row				

c Describe a rule for finding the number of ways n flowerpots can be arranged in a row.
d **i** Use your rule to calculate the number ways five flower pots can be arranged.
ii Verify that your rule works by drawing a diagram.
Hint: You don't need to draw all of the arrangements.

Practice

1C Functions

1 Find the inverse of each function.

a $x \rightarrow 6x$ **b** $x \rightarrow x + 7$ **c** $x \rightarrow \frac{x}{3}$ **d** $y = x - 1.5$

2 Find the inverse of each function.

a $x \rightarrow 4x - 3$ **b** $x \rightarrow 10x + 2$ **c** $y = 2x - 4$ **d** $x \rightarrow \frac{x}{3} + 5$

3 Find the inverse of each function.

a $x \rightarrow 4(x + 2)$ **b** $y = 3(x - 5)$ **c** $x \rightarrow \frac{(x + 4)}{3}$

4 **i** Find the function for each mapping diagram.
ii Find the inverse of the function.

a

x	→	?
1	→	4
2	→	8
3	→	12
4	→	16

b

x	→	?
3	→	6
4	→	7
5	→	8
6	→	9

c

x	→	?
1	→	3
2	→	5
3	→	7
4	→	9

5 Which of these functions are **i** identities and **ii** self-inverse functions?

a $x \to 2x - 2$ **b** $x \to -10 - x$ **c** $x \to \frac{3x}{3}$ **d** $x \to \frac{2}{x}$

6 Each mapping diagram is of the inverse of a function.

i Find the inverse function.
ii Find the original function.

a

?	←	x
1	←	6
2	←	7
3	←	8
4	←	9

b

?	←	x
1	←	5
2	←	8
3	←	11
4	←	14

Practice

1D Graphs

1 Ben and Gurjit left their homes at the same time and travelled to each other's home. This graph shows their journeys.

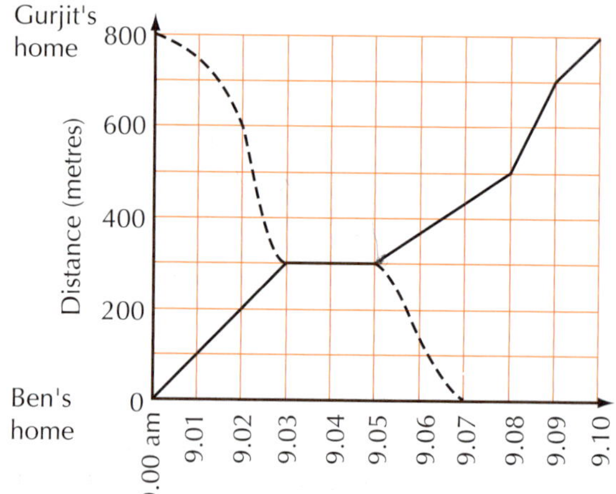

Give reasons for your answers to these questions.

a One person walked and ran, the other cycled. Which person cycled?
b Gurjit and Ben met each other.
  i When was this?
  ii How far were they from Gurjit's home?
  iii How long was their meeting?
c There is a hill between their two homes. Roughly how far from Ben's home is the top of the hill?
d When did Ben travel slowest?
e When did Gurjit travel fastest?
f Ben and Gurjit both started their return journeys at 9.30am. Ben waited one minute at the top of the hill for Gurjit to arrive. They chatted for 2 minutes. Sketch their return journeys.

2 Each of these candles is 25 cm tall and burns to the ground in 20 hours.

a

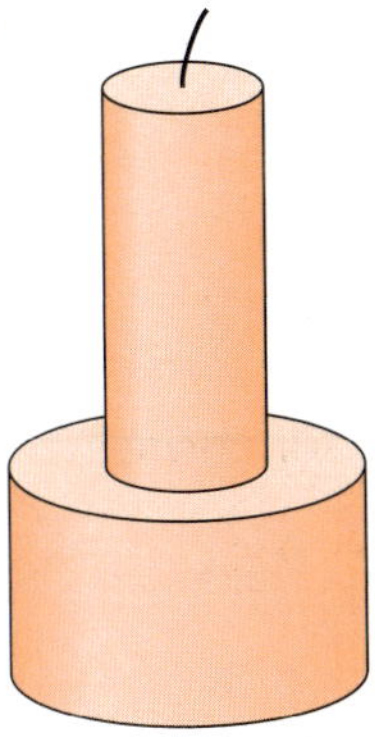

b

c

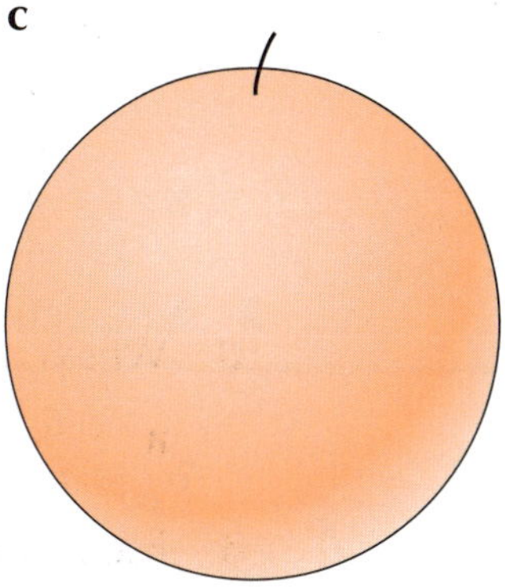

For each candle, sketch a graph showing its height over time.

3 Match each graph with the correct description.

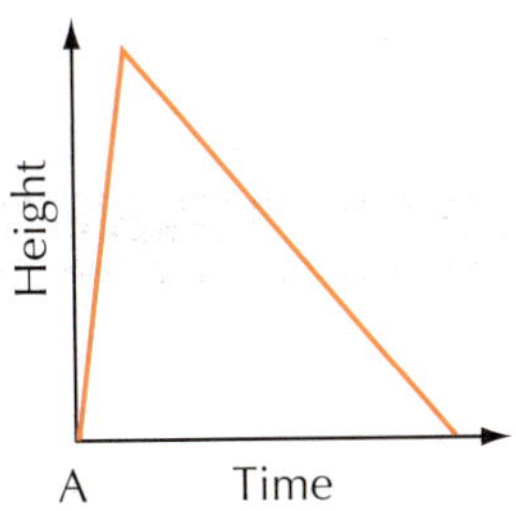

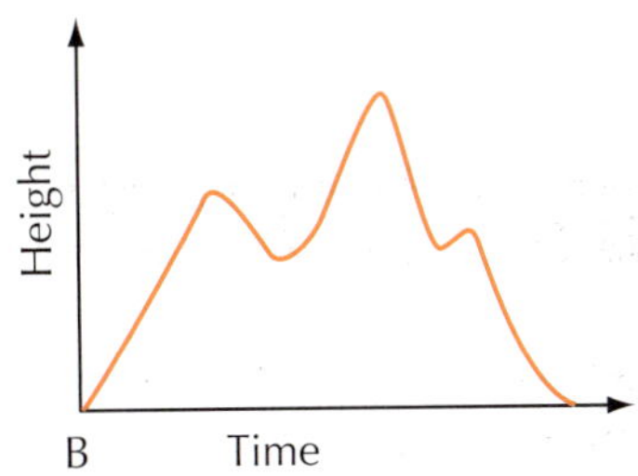

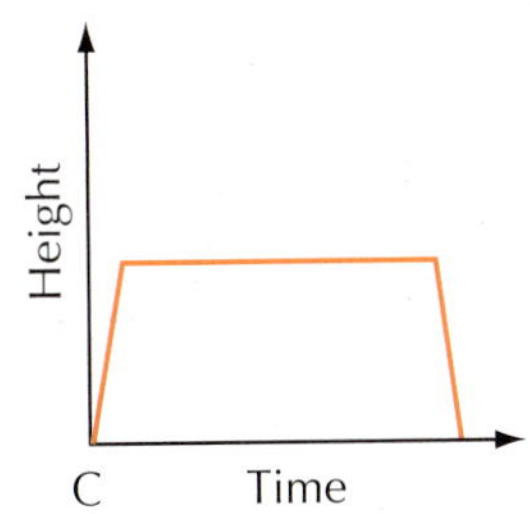

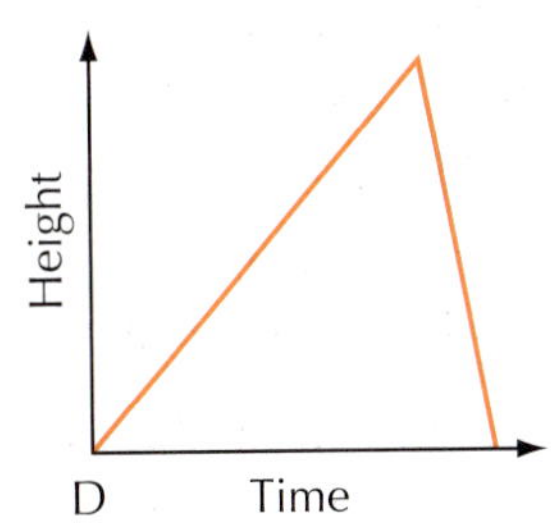

a A hovercraft journey.
b A rocket launch and parachute landing.
c A flight of a radio-controlled model aeroplane.
d A model hot air balloon that takes off and catches fire.

4 Sketch a graph to show these.

a The height of a space shuttle that takes off, circles the Earth and lands.
b The weight of a woman 3 months before she is pregnant, during her pregnancy and 3 months after she gives birth.

1E Limits of sequences

1 **a** Calculate the first eight terms of this sequence:

First term: 1

Term-to-term rule: divide by 4 then add 6

b State the limit of the sequence.

2 **a** Calculate the first eight terms of this sequence:

First term: 1

Term-to-term rule: divide by 5 then add 10

b State the limit of the sequence.

3 **a** Copy and continue these calculations to give the first eight terms of a sequence.

$1 = 1$

$1 + \frac{1}{2} = 1.5$

$1 + \frac{1}{2} + \frac{1}{4} =$

$1 + \frac{1}{2} + \frac{1}{4} + \frac{1}{8} =$

$1 + \frac{1}{2} + \frac{1}{4} + \frac{1}{8} + \frac{1}{16} =$

b State the limit of the sequence, if there is one.

4 **a** Calculate, as decimals, the 10th, 100th and 1000th terms of the sequence $\frac{1}{2}, \frac{2}{3}, \frac{3}{4}, \frac{4}{5} \ldots$

b State the limit of this sequence.

5 **a** Calculate, as decimals, the first ten terms of the sequence whose nth term is $10 - 1/n$.

b Calculate, as decimals, the 100th and 1000th terms.

c State the limit of the sequence.

6 Find a sequence whose limit is 4. Write down its nth term.

Hint: Look at Question 3.

7 Use a spreadsheet to investigate the limit of the sequence produced by these calculations.

$1 =$

$1 + \frac{1}{2} =$

$1 + \frac{1}{2} + \frac{1}{3} + \frac{1}{4} =$

$1 + \frac{1}{2} + \frac{1}{3} + \frac{1}{4} + \frac{1}{5} =$

etc.

CHAPTER 2

Number 1

Practice

2A The four rules governing fractions

Convert these fractions to equivalent fractions with the same denominator. Work out the answer. Cancel your answer and write as a mixed fraction, if necessary.

1 a $2\frac{1}{3} + 1\frac{2}{5}$ b $3\frac{1}{4} + 4\frac{2}{3}$ c $1\frac{5}{6} + 2\frac{2}{3}$
d $3\frac{7}{9} + 6\frac{1}{6}$ e $7\frac{1}{6} + 5\frac{3}{4}$ f $5\frac{3}{8} + 4\frac{1}{10}$

2 a $3\frac{3}{4} - 1\frac{2}{3}$ b $5\frac{5}{6} - 2\frac{4}{5}$ c $4\frac{1}{8} - 1\frac{1}{3}$
d $6\frac{5}{6} - 3\frac{1}{4}$ e $5\frac{5}{8} - 1\frac{9}{10}$ f $9\frac{1}{6} - 4\frac{7}{9}$

3 Calculate each of the following.
a $\frac{5}{6} - \frac{7}{15}$ b $\frac{5}{16} + \frac{13}{20}$ c $\frac{13}{18} - \frac{7}{12}$
d $\frac{9}{10} + \frac{7}{15}$ e $\frac{13}{14} - \frac{3}{8}$ f $\frac{11}{12} - \frac{13}{24}$

4 Marion buys a tub containing $7\frac{7}{8}$ oz of peanuts and a packet containing $3\frac{5}{6}$ oz of peanuts.
a What is the total weight of the peanuts she bought?
b How much more does the tub contain than the packet?

Cancel before multiplying, if possible. Cancel your answer and write as a mixed fraction, if necessary.

5 a $\frac{4}{9} \times \frac{2}{5}$ b $\frac{5}{8} \times \frac{2}{3}$ c $\frac{8}{15} \times \frac{5}{7}$
d $\frac{10}{21} \times \frac{7}{15}$ e $\frac{9}{16} \times \frac{12}{27}$ f $\frac{8}{9} \times \frac{6}{15} \times \frac{5}{12}$

6 Write as improper (top-heavy) fractions first.
a $1\frac{2}{3} \times 1\frac{3}{4}$ b $2\frac{4}{5} \times 1\frac{2}{7}$ c $2\frac{5}{8} \times 3\frac{5}{9}$
d $4\frac{4}{5} \times 3\frac{1}{3}$ e $2\frac{7}{10} \times 2\frac{7}{9}$

7 a $\frac{5}{8} \div \frac{2}{3}$ b $\frac{3}{5} \div \frac{7}{10}$ c $\frac{15}{16} \div \frac{9}{10}$
d $\frac{8}{9} \div \frac{10}{21}$ e $\frac{16}{25} \div \frac{14}{15}$

8 Write as improper (top-heavy) fractions first.
a $2\frac{2}{3} \div 1\frac{2}{5}$ b $1\frac{1}{6} \div 2\frac{3}{4}$ c $3\frac{5}{9} \div 3\frac{2}{3}$
d $4\frac{1}{8} \div \frac{33}{40}$ e $\frac{8}{15} \div 5\frac{3}{5}$

9 A bottle contains $7\frac{7}{8}$ ounces of perfume. A perfume spray contains $\frac{7}{10}$ ounces of perfume.

a How many sprays can be filled from the bottle?
b How much perfume is left over?

Practice

2B Percentages and compound interest

1 Write down the multiplier equivalent to each of these.

a 15% increase **b** 2% decrease **c** 95% increase

d 60% decrease **e** $12\frac{1}{2}$% increase **f** $4\frac{1}{4}$% decrease

g 33.3% increase **h** 8.7% decrease **i** $17\frac{1}{2}$% increase

2 How much would you have in the bank if you invested

a £500 at 4% interest for 3 years?

b £8000 at $3\frac{1}{2}$% interest for 5 years?

c £250 at 5.3% for 10 years?

3 In 1960, 8000 cars were abandoned in a city. Each year, 8% more cars were abandoned.

a How many cars were abandoned in 1966?
b Which was the first year when more than 20 000 cars were abandoned?
c How many cars were abandoned in 2000?

4 A snowman has a volume of 600 litres. Each day, it loses 13% of its volume.

a What will its volume be after 4 days?
b How many days will it take for there to be less than 100 litres of snow left?
c What will be its volume after 20 days?

Practice

2C Reverse percentages and percentage change

1 **a** From 1980 to 1998, the Royal Air Force increased its membership by 12% to 46 900. How many people were in the Royal Air Force in 1980?
b During the same period, the Royal Navy decreased its size by 17% to 28 500. How many people were in the Royal Navy in 1980?

2 What were the prices before VAT was added to these items?

a

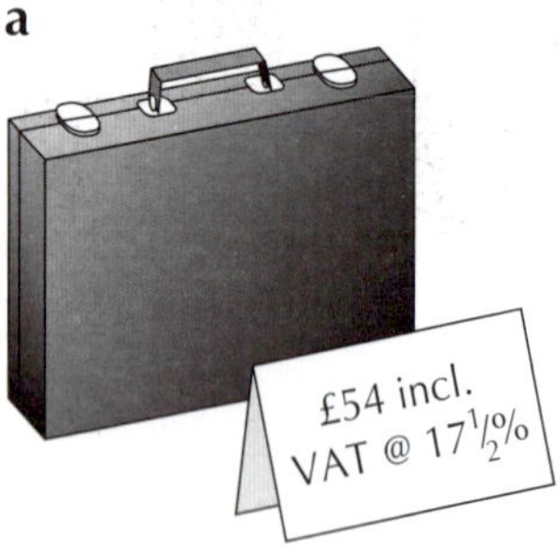

b

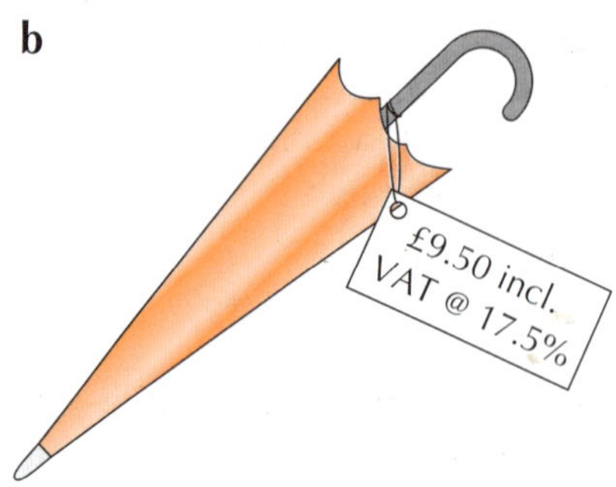

c

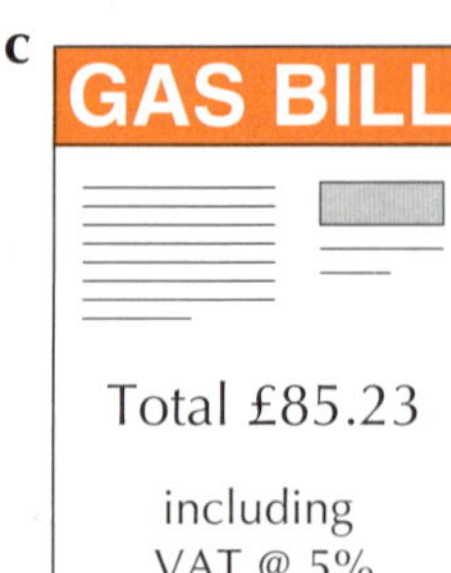

3 In one year, a eucalyptus tree grew from 2.7 m tall to 4.3 m tall. What was the percentage increase in height?

4 Frances filled her petrol tank with 60 litres of petrol. After a journey, there were 18 litres left. What was the percentage decrease in fuel?

5 This table shows how the populations of some towns and villages changed between 1980 and 2000. Copy and complete the table.

Place	Percentage change	Population in 1980	Population in 2000
Smallville	30% decrease		1300
Lansbury	8% increase	46 000	
Gravelton	2% decrease		19 800
Smithchurch	48% increase		144 000
Deanton		28 000	33 320
Tanwich		680	646

Practice

2D Direct and inverse proportion

1 Martha takes 30 minutes to read 20 pages.
How long will it take her to read 30 pages?

2 6 boxes contain 54 light bulbs.
How many light bulbs are contained in 9 boxes?

3 Lai Ping has 10 rows of 18 football stickers on his bedroom wall.
He rearranges them into 12 rows. How many stickers are in each row?

4 9 people take 24 hours to sew a patchwork quilt.
- **a** How long would 6 people take?
- **b** How many people would be needed to finish the quilt in 4 hours?

5 The diagram shows part of a square tiled floor.
- **a** If the floor has 54 black tiles, how many white tiles does it have?
- **b** If the floor has 400 tiles altogether, how many white tiles does it have?

6 A packet of grass seed can cover a rectangular lawn measuring 6 metres by 9 metres. Maria uses a whole packet on her lawn that is 4 metres wide. How long is her lawn?

7 A new battery can run 3 model trains for 8 hours.
How long can it run 6 trains for?

8 5 identical candles lit at the same time take 60 minutes to burn down. How long will 9 candles take?

9 **a** 18 eggs cost a shopkeeper £2.88. How much do 10 cost?
b 60 egg boxes cost £3.90. How much do 150 cost?

10 A value pack of sweets contains 6 Tweeny Bars, 8 Swirlies and 12 Fruitgums.

Alma bought some value packs for a party. She bought 32 Swirlies altogether.
a How many Fruitgums did she buy?
b How many Tweeny bars did she buy?

Jan bought value packs containing 182 sweets altogether.
c How many Swirlies did he buy?

11 During a maths lesson for 15 students, the fire alarm sounded for 20 seconds. How long will the fire alarm sound when there are 20 students in the class?

12 An aeroplane journey took 2 hours at an average speed of 300 mph.

a How long would it take to travel the same journey at:
i 200 mph **ii** 400 mph **iii** 900 mph?
Give your answers in hours and minutes.
b How fast would the aeroplane need to travel to complete the journey in
i 1 hour **ii** 5 hours **ii** 45 minutes?
Hint: Convert minutes to hours first.

13 Jason used 6 litres of paint to cover 15 m of fence. How much paint is needed to cover 40 m of fence?

14 6 parachutists jump out of an aeroplane and take 12 minutes to land. How long will 8 parachutists take to land?

15 It takes 6 bricklayers 3 hours to build a wall 100 cm high.

a How long would 4 bricklayers take to build the same wall?
b How long would it take 6 bricklayers to build a wall 200 cm high?
c How many bricklayers would it take to build a 180 cm wall in 2 hours?

16 A tortoise and a hare had a race. They travelled at a constant speed. When the tortoise had travelled 24 metres, the hare had travelled 108 metres.

a How far had the tortoise travelled when the hare had travelled 126 metres?
b How far had the hare travelled when the tortoise had travelled 100 metres?
c If the hare took 4 minutes to travel 108 metres, how long did the tortoise take?

2E Ratio in area and volume

1 The diagram shows pairs of similar shapes.

a

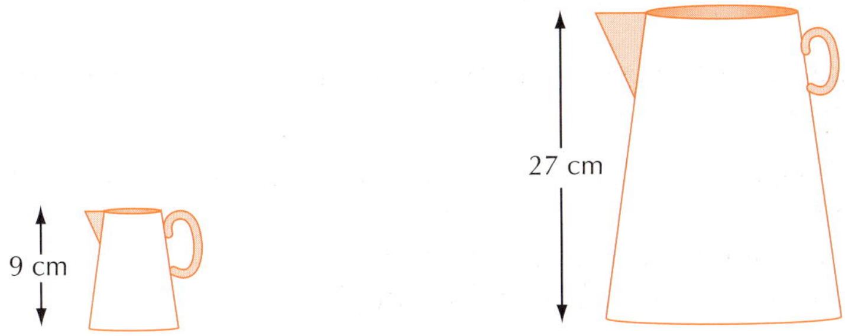

b

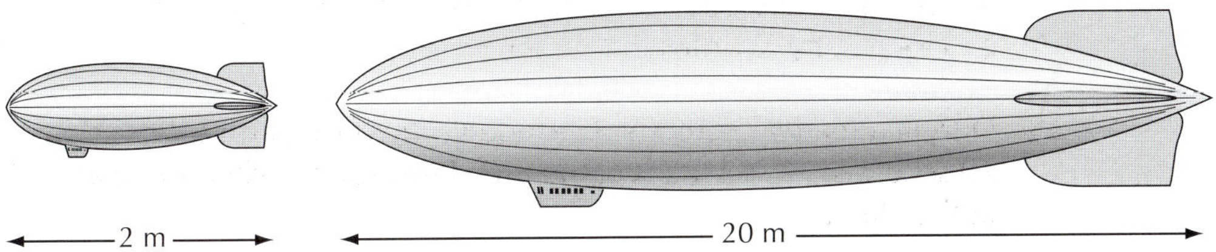

c

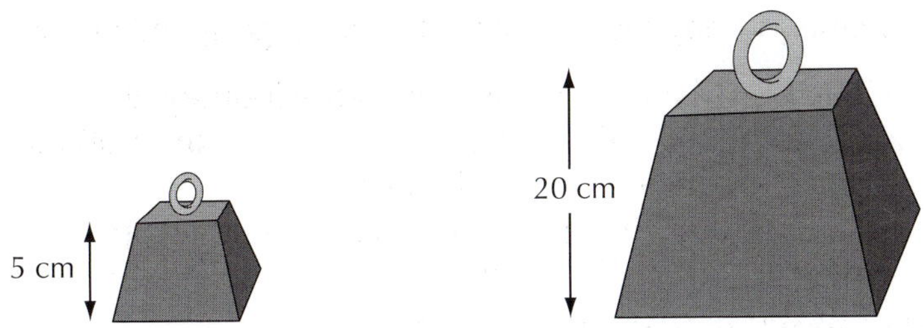

For each pair, calculate the ratio of the

i lengths **ii** areas **iii** volumes.

Give your answers in the form 1 : n.

2 The diagram shows pairs of similar shapes. Find the missing areas.

a

b

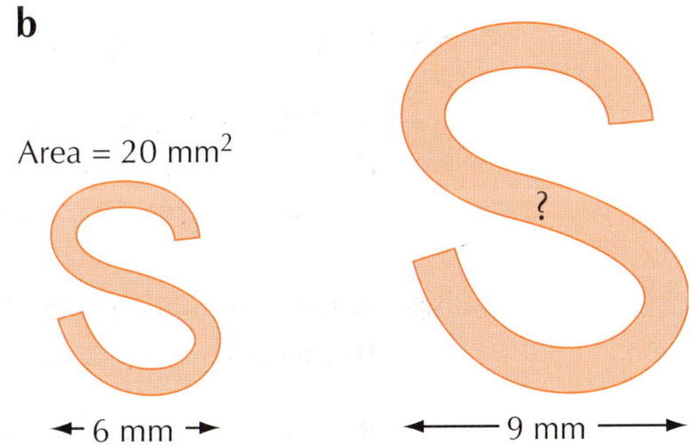

c

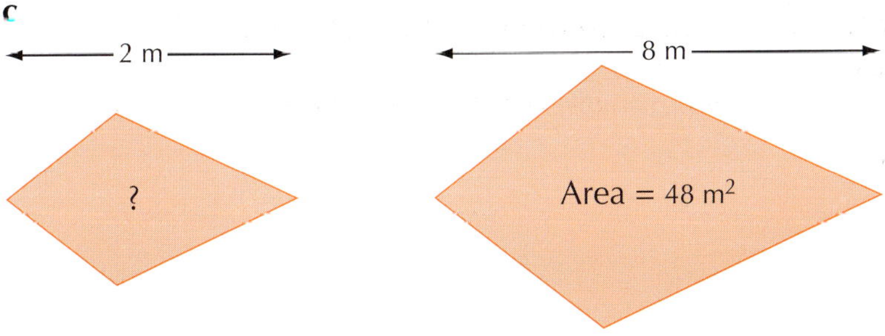

3 The diagram shows pairs of similar shapes. Find the missing volumes.

a

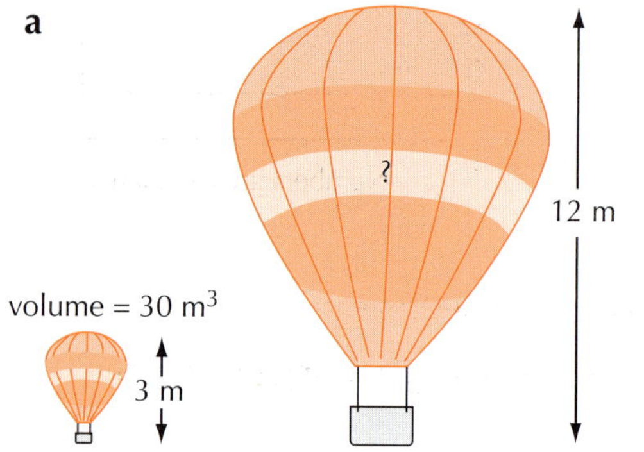

b

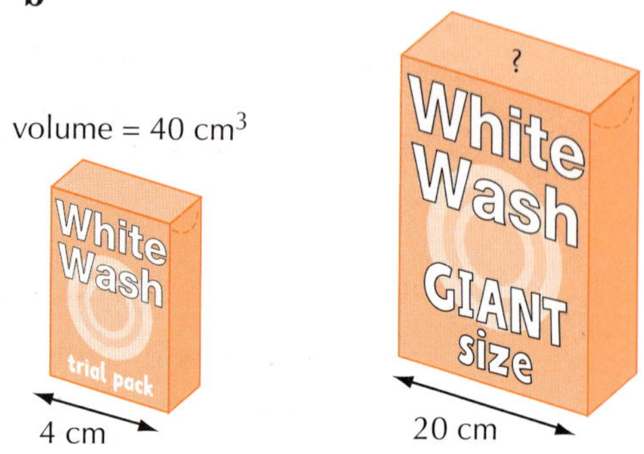

c

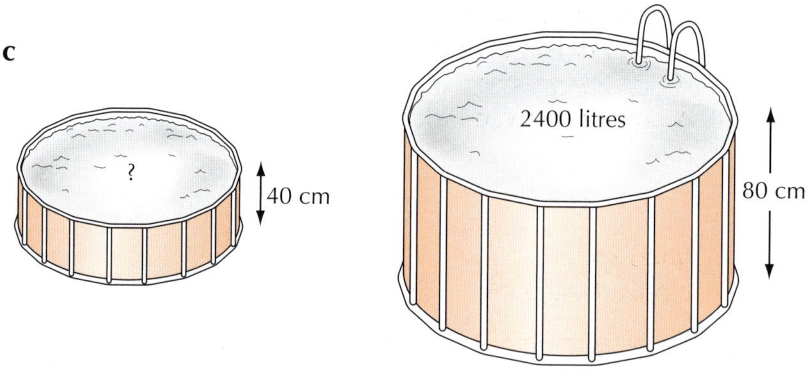

4 These tiles are similar to each other. Find the missing areas, volumes and thickness.

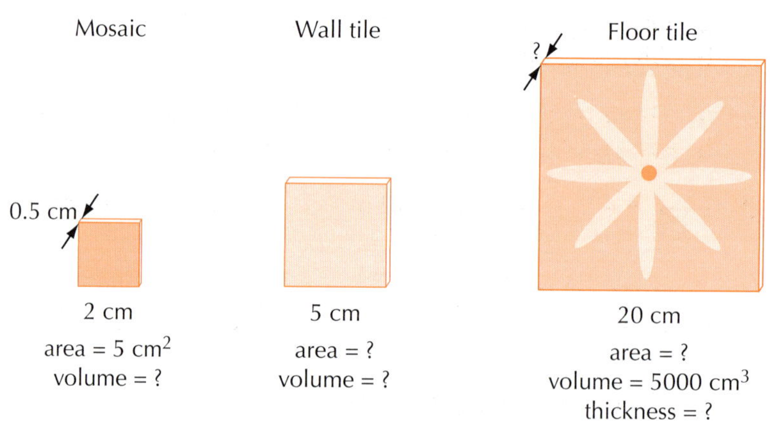

Practice

2F Numbers between 0 and 1

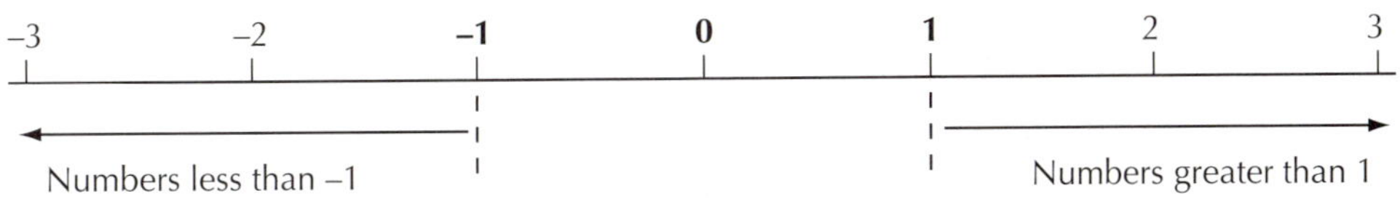

Use your calculator to help you to answer these questions.

1 Describe the result of each calculation, **a** to **h**, by choosing one of these answers:

A number between –1 and 0
A number between 0 and 1
A number greater than 1
A number less than –1
A number less than 0
A number greater than 0
A number between –1 and 1
0
1
–1
Impossible
None of the above

a Squaring a number greater than 1
b Finding the square root of a number between 0 and 1
c Squaring –1
d Squaring a number less than –1
e Finding the square root of a number between –1 and 0
f Dividing –1 by a number less than –1
g Dividing 1 by a number between –1 and 0
h Dividing 0 by 0

2 **a** Describe the effect of multiplying any number by –1.
b Describe the effect of dividing any number by –1.

3 Describe the effect of dividing 1 by a number between –1 and 1.

4 **a**

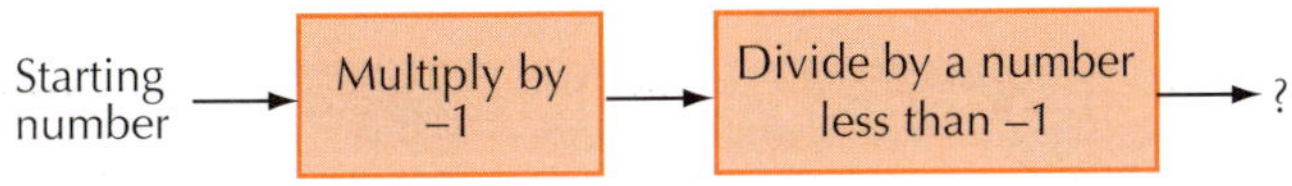

Work your way along the flow chart.
Describe the result using one of the answers shown in Question 1.

i Start with a number between 0 and 1.
ii Start with –1.
iii Start with a number between –1 and 1.

b Repeat part **a** with this flowchart.

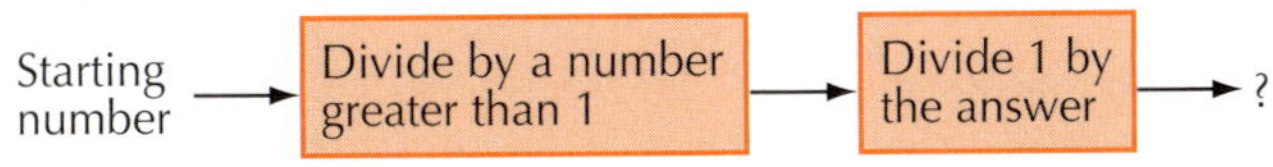

Practice

2G Reciprocal of a number

Do not use your calculator for the first five questions. Show your working.

1 Calculate the reciprocal of each number. Give your answer as a decimal or whole number.

a 2 **b** 10 **c** 0.1 **d** 4 **e** –1
f 0.2 **g** –5 **h** 20 **i** –1000 **j** 25

2 Calculate the reciprocal of each fraction. Give your answer as a fraction or whole number.

a $\frac{1}{6}$ **b** $\frac{3}{4}$ **c** $\frac{1}{20}$ **d** $\frac{10}{9}$ **e** $1\frac{2}{3}$
f $\frac{3}{100}$ **g** $-\frac{1}{8}$ **h** $4\frac{4}{5}$

3 Complete these. Work in whole numbers and fractions.

a square of 3 =
reciprocal of square of 3 =
b reciprocal of 3 =
square of reciprocal of 3 =
c the reciprocal of the square of a number =

Use a calculator to help you answer these questions.

4 Calculate these using the reciprocal key on your calculator.
Round your answers appropriately.

a 40 **b** 0.7 **c** 125 **d** 0.003
e 3.2 **f** $3\frac{1}{8}$ **g** –4.5 **h** 10^5

5 Convert the ratios to the form 1 **:** *n*, using the following example of working.

50 **:** 1
Divide both sides by 50. 50 ÷ 50 **:** 1 ÷ 50
1 **:** 0.02

a 5 **:** 1 **b** 0.8 **:** 1 **c** 2000 **:** 1 **d** $2\frac{1}{2}$ **:** 1
e 12 **:** 1 **f** 0.025 **:** 1 **g** $\frac{1}{7}$ **:** 1 **h** $5\frac{2}{3}$ **:** 1

Practice

2H Rounding and estimation

1 Round these numbers **i** to 1 decimal place and **ii** to 2 decimal places.

a 2.874 **b** 0.05537 **c** 20.957
d 0.5059 **e** 9.98407

2 Round these numbers **i** to 1 significant figure and **ii** to 2 significant figures.

a 327 **b** 8.452 **c** 8175 **d** 0.06594
e 79 550 **f** 0.007 29 **g** 20.981

3 Round these quantities to an appropriate degree of accuracy.

a Jeremy is 1.8256 m tall.
b A computer disk holds 688 332 800 bytes of information.
c A petrol tank has a capacity of 72.892 litres.
d An English dictionary contains 59 238 722 words.
e Kailash held his breath for 82.71 seconds.

4 Calculate these.

a 400×60 **b** 2000×900 **c** 0.4×0.8
d 0.02×0.7 **e** 0.04×0.09 **f** 300×0.2
g 0.08×4000 **h** 60×0.9

5 Calculate these.

a $800 \div 20$ **b** $12\,000 \div 300$ **c** $0.8 \div 0.4$
d $0.12 \div 0.03$ **e** $6 \div 0.3$ **f** $40 \div 0.05$
g $3000 \div 0.6$

6 Estimate answers to these by rounding the numbers to 1 significant figure first. Show your working.

a 278×59 **b** $9483 \div 34$ **c** 0.358×166
d $43 \div 0.537$ **e** 0.0366×0.0899 **f** $777 \div 0.241$
g 3278^2 **h** $2.67 + 5.18 \times 9.01$ **i** $53 \times (0.672 - 0.306)$
j $\dfrac{87^2}{0.0343 \times 2480}$

7 Estimate answers to these.

a $\dfrac{5.018 \times 3.86}{11.41 - 6.459}$ **b** $\dfrac{37.71 + 18.099}{0.829 - 0.333}$

c $\dfrac{57}{0.19^2}$ **d** $\dfrac{87^2}{0.0343 \times 2480}$

8 This table shows the prices of some metals.

Metal	Price
Lead	£0.2412 per kg
Silver	£0.085 per g
Gold	£2575 per kg
Platinum	£11.63 per g

a Estimate the cost of buying these. Show your working.
 i 2474 kg of lead **ii** 0.2856 g of silver
 iii 0.036 kg of gold **iv** 19.08 g of platinum
b Estimate answers to these. Work in pounds. Show your working.
 i How much gold could be bought for £64 250?
 ii How much lead could be bought for £124.59?
 iii How much platinum could be bought for £289 320?
 iv How much silver could be bought for £0.94?

CHAPTER 3 Algebra 3

Practice 3A Simultaneous equations

Solve these simultaneous equations.

1 Subtract the equations.

a $3x + 2y = 12$
$3x + y = 9$

b $5x + 2y = 12$
$3x + 2y = 8$

c $4x - y = 14$
$x - y = 2$

d $x + 6y = 9$
$2x + 3y = 19$

2 Add the equations.

a $5x - 2y = 1$
$4x + 2y = 8$

b $x + 6y = 9$
$5x - 6y = 9$

3 Add or subtract the equations.

a $3x + 5y = 17$
$3x + 2y = 14$

b $7x - 2y = 1$
$4x + 2y = 32$

c $2x + 3y = 25$
$5x - 3y = 10$

d $12x - 2y = 14$
$7x - 2y = 4$

Practice 3B Solving by substitution

Solve these simultaneous equations. Rearrange the simpler equation to make x or y the subject. Substitute x or y in the other equation.

1 $x - y = 5$
$3x - 2y = 16$

2 $5x - 2y = 13$
$x - 2y = 1$

3 $x + 2y = 12$
$2x + y = 9$

4 $3x + y = 11$
$5x + 3y = 21$

5 $5x + 2y = 25$
$2x + y = 12$

6 $x + y = 13$
$5x + 3y = 55$

Practice

3C Finding the nth term for a quadratic sequence

1 Which of these sequences are quadratic? Give a reason for each answer.

a 2, 4, 8, 14, 22 ...
b 3, 7, 11, 15, 19 ...
c 5, 10, 19, 32, 49 ...
d 0, 3, 8, 17, 28 ...
e 20, 30, 50, 80, 120 ...
f −1, 1, 9, 23, 43 ...

2 Find the first 4 terms of these sequences.

a $T(n) = n^2 - n$
b $T(n) = 2n^2 + 5$
c $T(n) = 3n^2 + 2n - 1$
d $T(n) = 5n^2 - 3n + 4$

Find the nth term for each of these quadratic sequences.

3 **a** 8, 13, 20, 29, 40 ...
b 6, 17, 34, 57, 86 ...
c 2, 4, 8, 14, 22 ...
d 2, 15, 36, 65, 102 ...
e 6, 18, 40, 72, 114 ...
f 3, 11, 21, 33, 47 ...

4 **a** 2, 6, 12, 20, 30 ...
b 3, 9, 19, 33, 51 ...
c 7, 22, 45, 76, 115 ...
d 2, 23, 58, 107, 170 ...

5 **a** −2, 4, 12, 22, 34 ...
b −3, −2, 3, 12, 25 ...
c 5, 7, 7, 5, 1 ...
d $\frac{1}{5}, \frac{1}{14}, \frac{1}{29}, \frac{1}{50}, \frac{1}{77} \ldots$

Practice

3D Equations involving fractions

Solve these equations. Show your working.

1 **a** $\frac{x}{4} = 9$ **b** $\frac{w}{7} = -2$ **c** $\frac{m}{0.4} = 0.3$ **d** $\frac{3d}{5} = 6$
e $\frac{4u}{3} = 3$ **f** $\frac{2p}{7} = 4$ **g** $-\frac{3m}{5} = 9$ **h** $\frac{2t}{-3} = -5$

2 **a** $\frac{s}{8} = \frac{3}{4}$ **b** $\frac{m}{5} = \frac{1}{2}$ **c** $\frac{h}{3} = \frac{4}{5}$ **d** $\frac{3m}{10} = \frac{12}{5}$
e $\frac{2j}{3} = \frac{6}{7}$ **f** $\frac{3t}{2} = \frac{5}{6}$ **g** $\frac{4y}{5} = \frac{1}{20}$ **h** $\frac{2n}{7} = -\frac{3}{5}$

3 **a** $h + \frac{3}{4} = \frac{5}{6}$ **b** $\frac{3}{4}p - 2 = 7$ **c** $\frac{2}{3}a + \frac{1}{3} = 1$
d $\frac{4}{5}g - \frac{3}{5} = \frac{3}{5}$ **e** $\frac{1}{2}x + \frac{3}{8} = 5$ **f** $\frac{3}{10}c - \frac{2}{5} = \frac{1}{2}$

4 **a** $\frac{1}{4}b + \frac{1}{2}b = 6$ **b** $\frac{4}{5}d - \frac{1}{5}d = \frac{7}{10}$ **c** $\frac{1}{3}f + \frac{5}{6}f = 14$

5 **a** $\frac{x+2}{3} = 2$ **b** $\frac{y-6}{5} = 1$ **c** $\frac{2m+3}{3} = 5$

6 **a** $\frac{r+2}{3} = \frac{r+3}{2}$ **b** $\frac{s-3}{2} = \frac{2s+1}{5}$ **c** $\frac{4t-3}{6} = \frac{t-1}{4}$

7 **a** $\frac{1}{h} = 4$ **b** $\frac{10}{y} = 2$ **c** $\frac{2}{w} = 7$ **d** $\frac{4}{p} = -3$
e $\frac{1}{2e} = 1$ **f** $\frac{5}{3i} = 10$ **g** $\frac{8}{3k} = \frac{5}{6}$ **h** $\frac{4}{5x} = \frac{8}{15}$

8 a $\frac{8}{x+2} = \frac{4}{x-1}$ b $\frac{8}{x} = \frac{12}{2x-1}$ c $\frac{6}{4x-3} = \frac{5}{x+1}$

Practice

3E Inequalities

1 Solve these inequalities. Show your solutions using a number line.

a $5x < 20$ **b** $y - 5 \geqslant 8$ **c** $\frac{t}{3} \leqslant 2$

d $P + 6 > 15$ **e** $4c + 9 \geqslant 33$ **f** $2m - 1 < 27$

g $\frac{n}{4} - 2 \leqslant 3$ **h** $3(x + 5) > 21$ **i** $2(3e - 2) \geqslant 14$

j $5x + 2 < 2x + 14$

2 Write down the values of x that satisfy these conditions.

a $x - 3 < 4$ where x is a positive integer

b $2x \geqslant 12$ where x is a positive integer less than 10

c $\frac{x}{5} \leqslant 2$ where x is a positive even number

d $2x - 5 < 19$ where x is a triangular number

3 Illustrate the solutions to each pair of inequalities using a number line.

a $x < 10$ and $x \geqslant 3$ **b** $x \leqslant 9$ and $x > 4$

c $x < 3$ or $x > 6$ **d** $x \leqslant -5$ or $x \geqslant 5$

4 Solve these inequalities. Show your solutions using a number line.

a $2p < 28$ and $p - 7 > 2$ **b** $5t - 2 \geqslant 33$ and $\frac{t}{4} \leqslant 3$

5 Solve these inequalities. Show your solutions using a number line. Don't forget the negative part of the solution.

a $x^2 < 36$ **b** $x^2 \leqslant \frac{1}{4}$ **c** $x^2 > 100$

Practice

3F Graphs showing direct proportion

1 These tables show the amount charged for different weights of cheddar cheese in two shops.

Country Fare

Weight, *W* g	200	350	500	600	900
Cost, *C* pence	84	147	210	243	369

Farm Fresh

Weight, *W* g	150	400	550	700	1200
Cost, *C* pence	66	176	242	308	528

a Calculate the ratio $\frac{Cost}{Weight}$ for each pair of values.

b For which shop is the cost directly proportional to the weight of cheese? Give a reason for your answer.

c Write an equation connecting C and W for this shop.
d i How much would this shop charge for 1.6 kg of cheese?
ii What weight of cheese can be bought for £5?

2 The diagram shows how two businesses charge for the hire of a canoe.

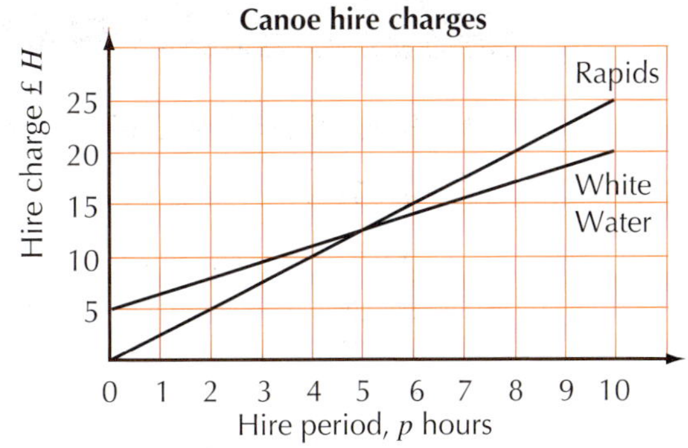

a For which business is the charge directly proportional to the hire period? Give a reason for your answer.
b For this business, what is the hire charge for 1 hour?
c Write an equation connecting the hire charge, H, with the hire period, p.
d i What would this company charge to hire the canoe for 4.5 hours?
ii What is the hire period corresponding to a hire charge of £9.50? Give your answer in hours and minutes.

3 Chantal measured the distance a wind-up car travelled after different numbers of winds. This table shows her results.

Number of winds, *n*	5	10	15	20	30	50
Distance travelled, *d* metres	3.1	5.7	9.3	11.5	18.7	28.7

a Calculate the ratio $\frac{d}{n}$ for each pair of values.
b Is the distance travelled roughly directly proportional to the number of winds? Give a reason for your answer.
c Write an equation connecting d and n.
d i Estimate how far the car would travel on 25 winds.
ii Estimate the number of winds needed to make the car travel 24 m.

4 The number of bricks, n, to build d metres of wall is given by the ratio

$n : d = 875 : 25$

a Simplify the ratio $n : d$.
b Write an equation connecting n and d.
c Copy and complete the table.

Length of wall, *d* metres	5	10	15	20	25
Number of bricks, *n*				875	

d Calculate the number of bricks needed to build 18 m of the wall.
e Draw a graph connecting d and n.

5 The number of badges, N, Yvonne can sew on to T-shirts is directly proportional to the time, t minutes, she spends sewing. It takes her 40 minutes to sew 12 badges.

a Copy, complete and simplify the ratios.

i $\frac{\textit{Number of badges}}{\textit{Time taken}} =$ **ii** $N : t =$

b Write an equation connecting N and t.

c **i** How many badges can Yvonne sew in 70 minutes?

ii How long does it take Yvonne to sew 39 badges?

Practice

3G Solving simultaneous equations by graphs

Solve these simultaneous equations by drawing graphs.

1 Number both axes from 0 to 10.

a $y + x = 7$, $y - 2x = 1$ **b** $2y - x = 6$, $y + 2x = 8$ **c** $y - 2x = 3$, $y - 3x = 1$ **d** $2y - x = 10$, $y + x = 8$

2 Number both axes from 0 to 5. Some of the answers are decimal.

a $y + x = 4$, $4y - 3x = 4$ **b** $5y - 3x = 15$, $4y - x = 4$

3 Number both axes from –5 to 5. Plot these three graphs on the *same* axes.

$x + y + 4 = 0$ $x - y + 2 = 0$ $4x - y - 4 = 0$

Use the graphs to solve each pair of simultaneous equations.

a $x + y + 4 = 0$, $x - y + 2 = 0$ **b** $x - y + 2 = 0$, $4x - y - 4 = 0$ **c** $4x - y - 4 = 0$, $x + y + 4 = 0$

CHAPTER 4 Shape, Space and Measures 1

Practice 4A Pythagoras' theorem

Give all your answers correct to one decimal place.

1 Calculate the length of the hypotenuse.

a

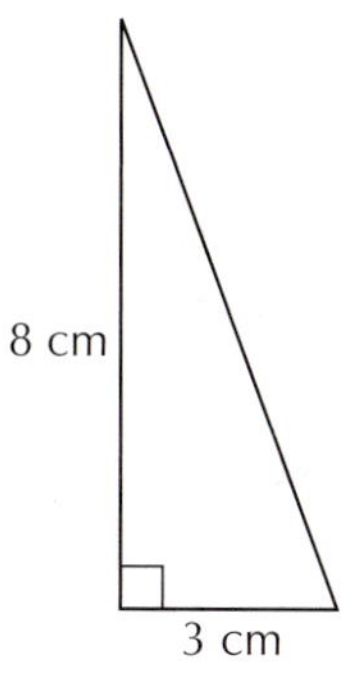

b

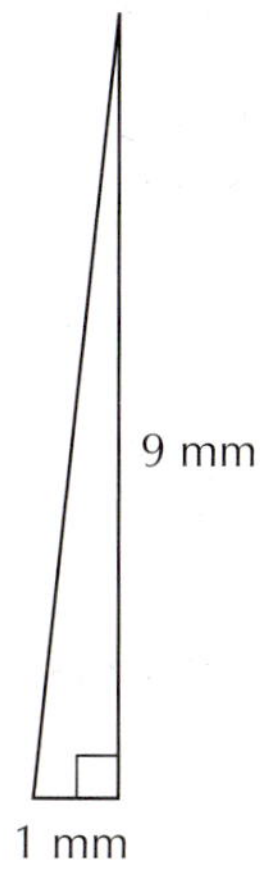

c

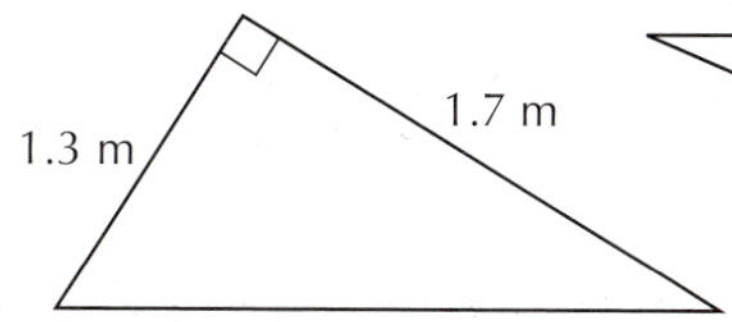

d

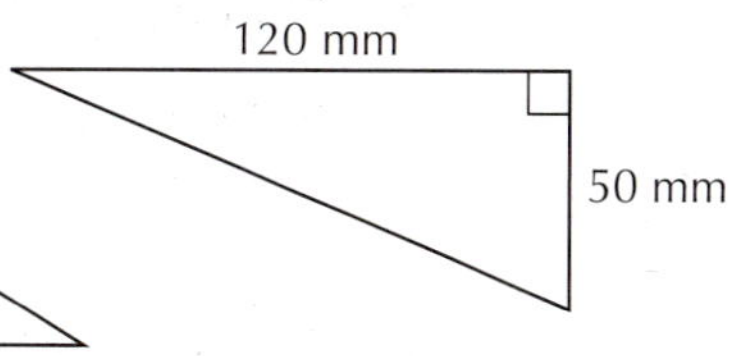

2 Calculate the length of the unknown side.

a

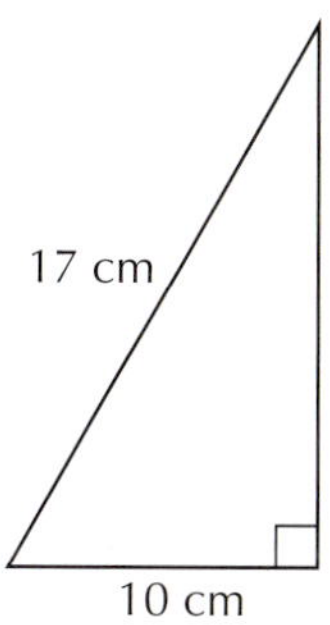

b

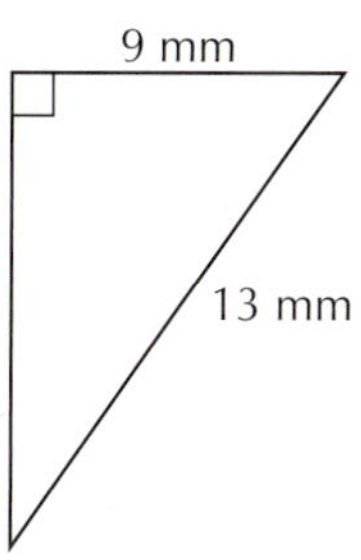

c

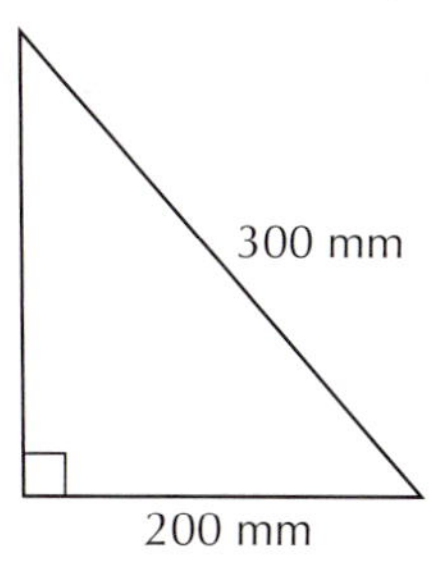

d

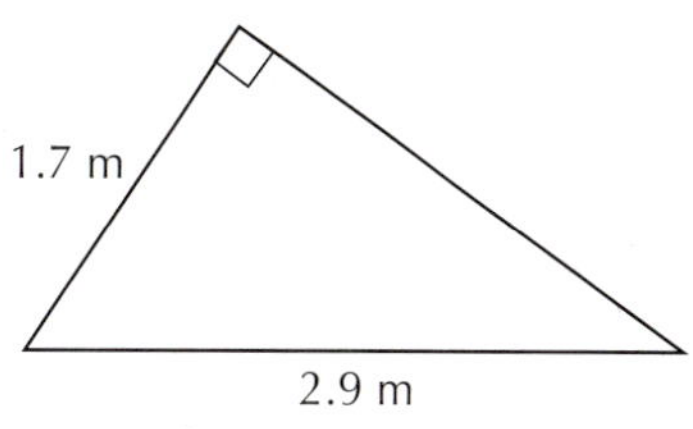

3 **a** Draw three different right-angled triangles using squared paper.
b Calculate the length of the hypotenuse in each triangle.

4 Calculate the marked lengths.

a

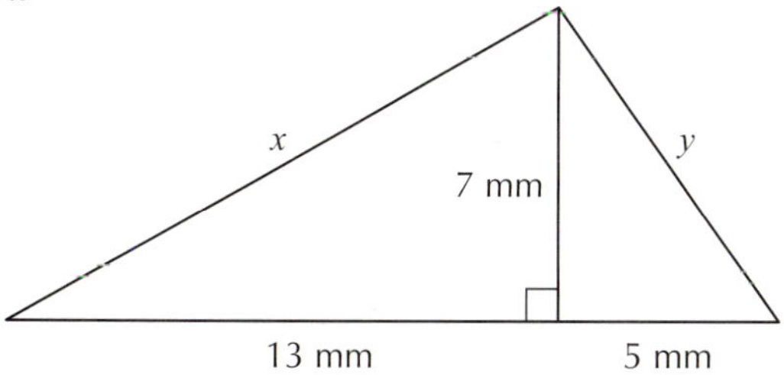

b

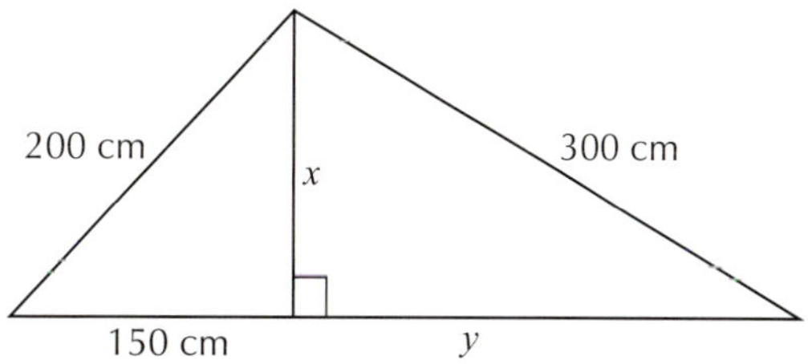

4B Solving problems using Pythagoras' theorem

Give all your answers correct to a suitable degree of accuracy.

1 Calculate the marked lengths.

a

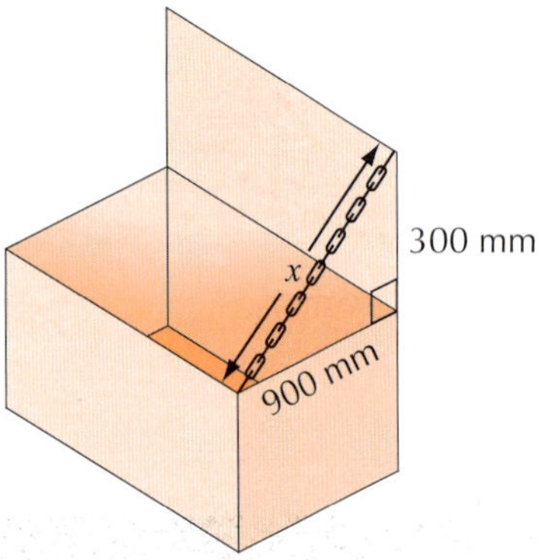

b

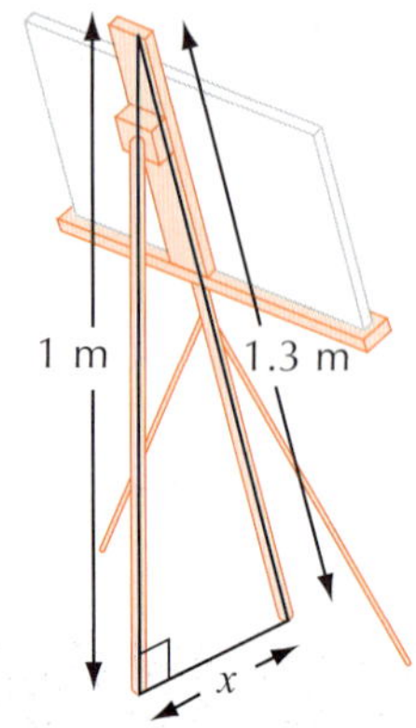

c

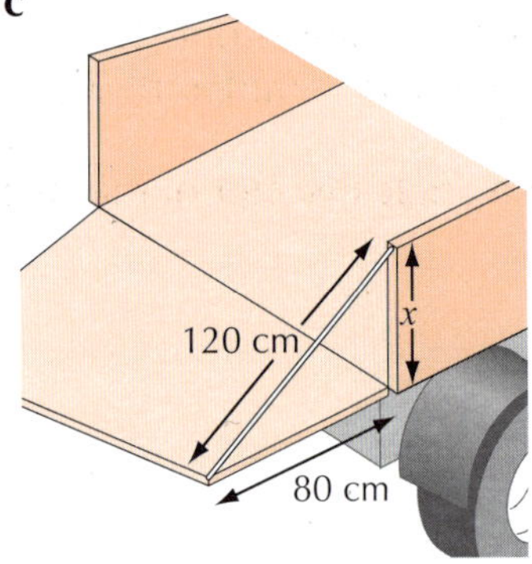

d

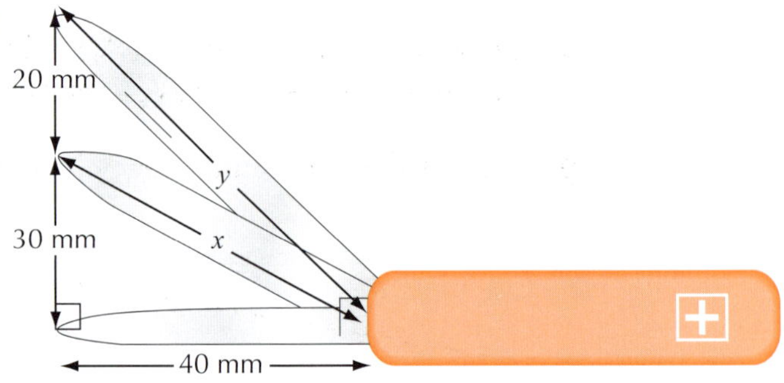

2 The diagram shows the **same** folding ladder in different positions.
Calculate the marked lengths.

a

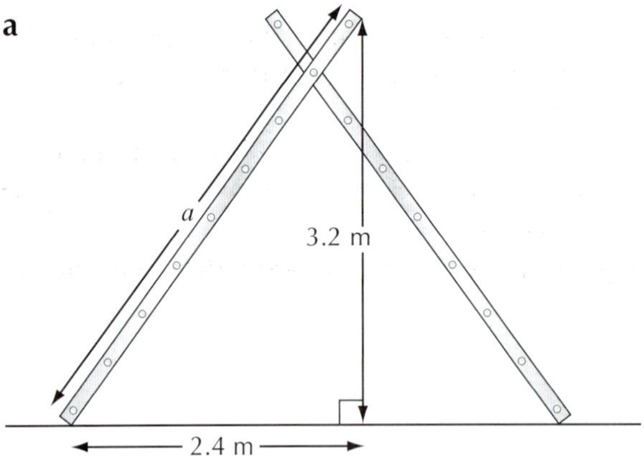

b

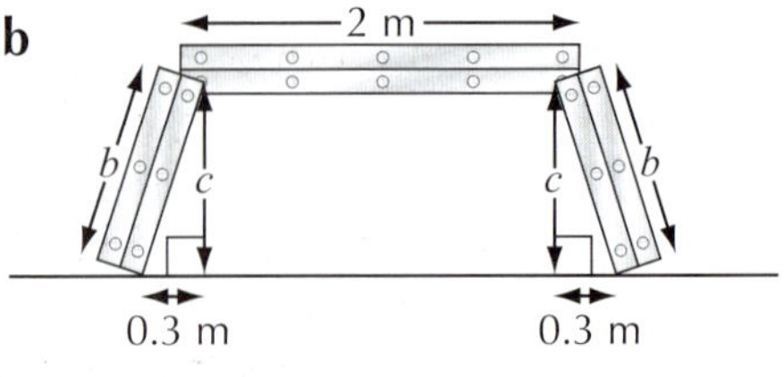

c

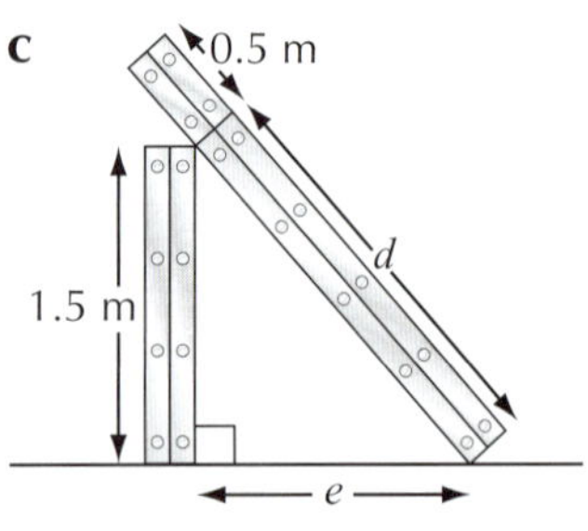

3 Calculate the sides of each of the triangles to the nearest 10 m. Each centimetre represents 100 m.

a **b** **c**

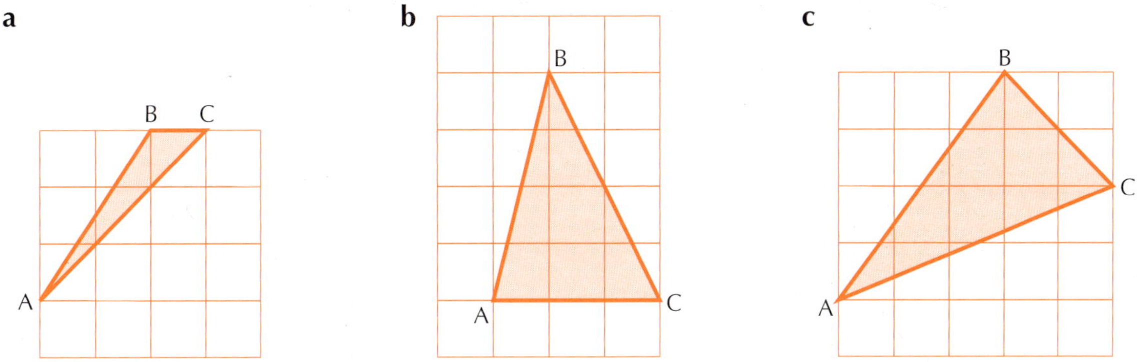

Practice

4C Loci

1 Draw a line AB that is 9 cm long. Use a ruler and compasses only to construct the perpendicular bisector of AB. Mark C as the midpoint of AB.

2 Use a ruler and compasses only to construct the angle bisector of this angle.

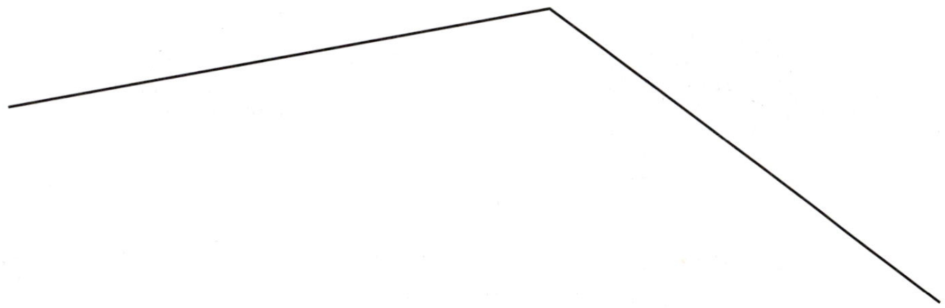

3 **a** A radio controlled airship, A, has a range of 400 m from the radio control unit, X. Construct a scale drawing of the locus of the airship using a scale of 1 cm to 100 m.

b A second airship, B, has a range of less than 300 m from its radio control unit Y. The radio controllers X and Y are 500 m apart. Shade the region where the two airships could collide.

c Airship, A, steers a course equidistant from the two radio controllers. Draw its locus.

4 This diagram shows a cross-section of a valley APB. There is a helicopter landing pad at P.

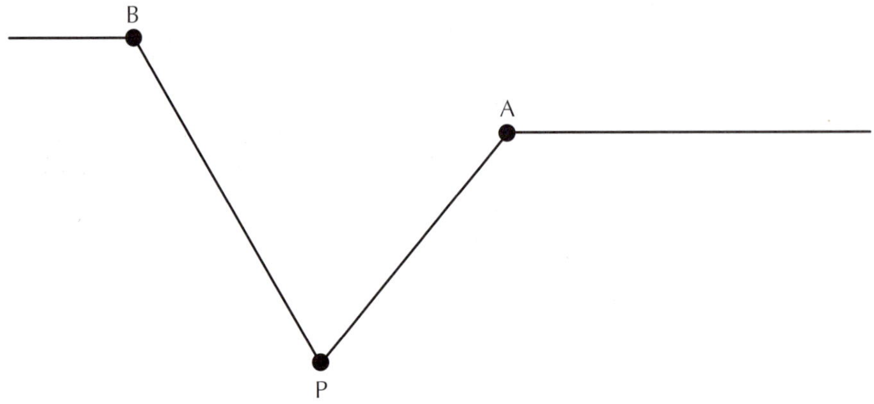

a Trace the diagram.
b A helicopter, H, flies toward the landing pad, keeping equidistant from beacons A and B. Construct its locus using a dotted line.
c A straight laser tracking beam is continuously transmitted from the landing pad, equidistant from the walls of the valley. Construct its locus using a dotted line.
d When the helicopter reaches the beam, it changes course and flies straight to the landing pad. Use a solid line to draw the flight path of the helicopter.
e Mark the two points, X, where the helicopter is 4 km from beacon A.

Practice

4D Congruent triangles

Give reasons for your answers. State which condition of congruency you are using, i.e. SSS, SAS, ASA or RHS.

1 Show that these pairs of triangles are congruent.

a

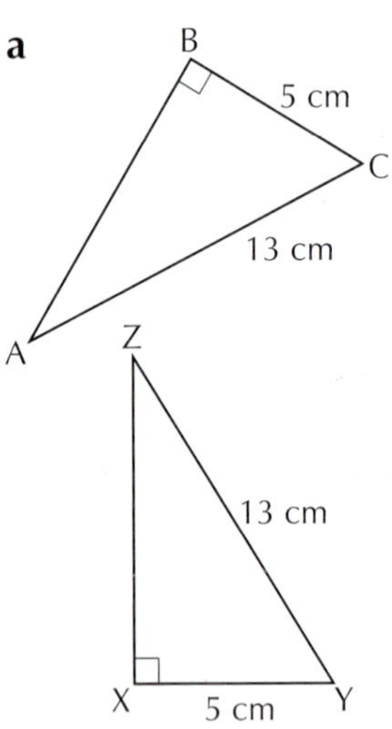

b

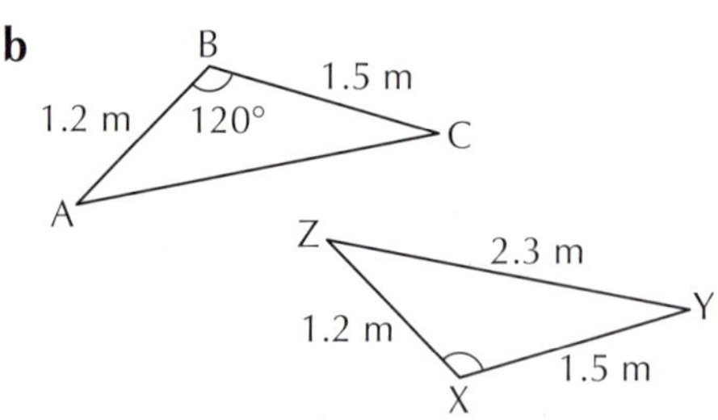

c

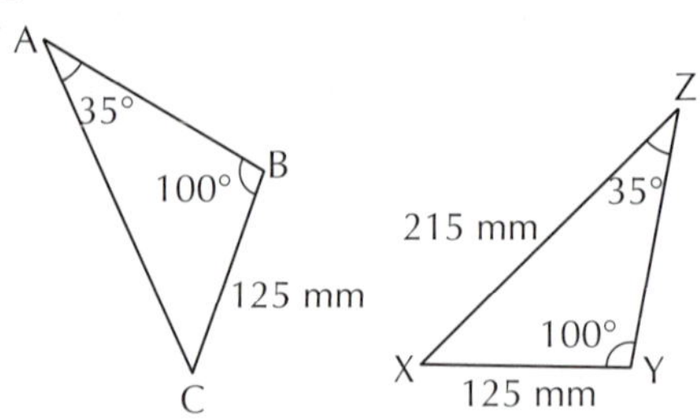

d

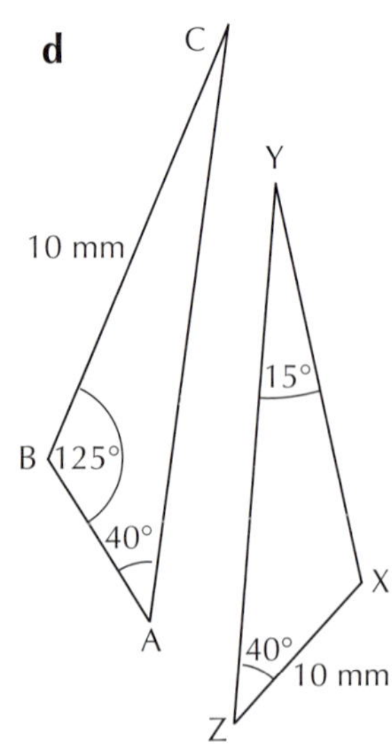

2 Which of these pairs of triangles are congruent?

a

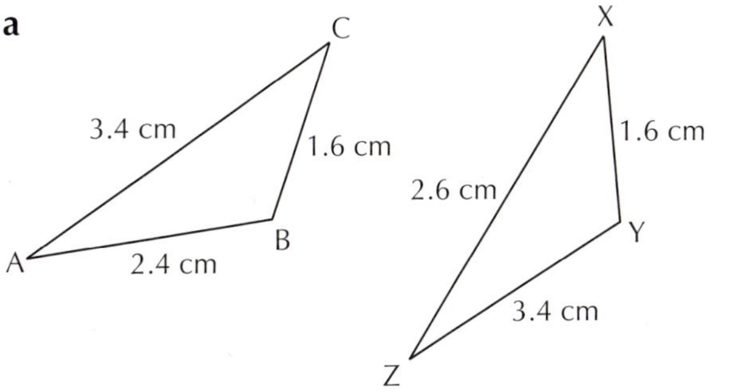

b

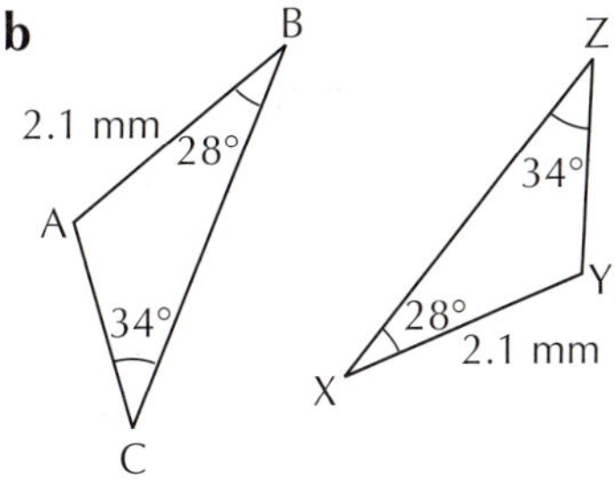

c

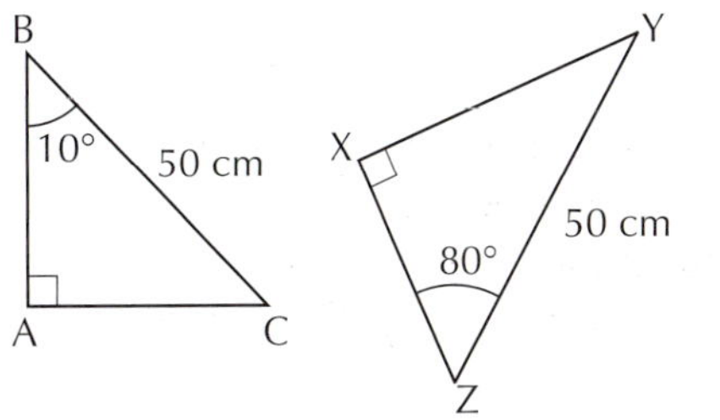

d

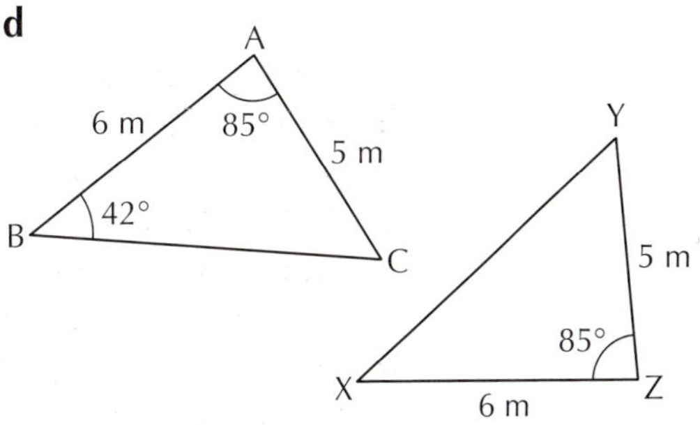

3 **a** Explain why these triangles are not necessarily congruent.

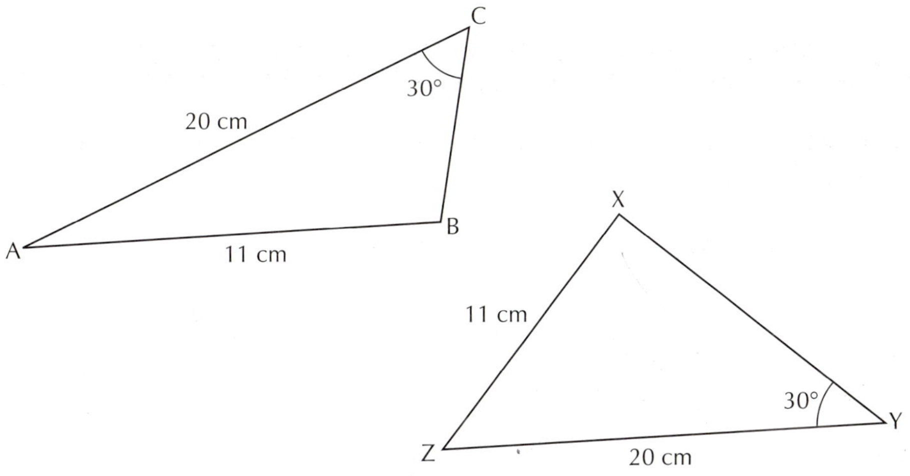

b Check your answer by trying to draw one of the triangles.

4 Draw a kite and label its vertices ABCD. Draw the diagonals and label their intersection E. State all pairs of congruent triangles.

4E Circle theorems

1 Calculate the marked angles.

a

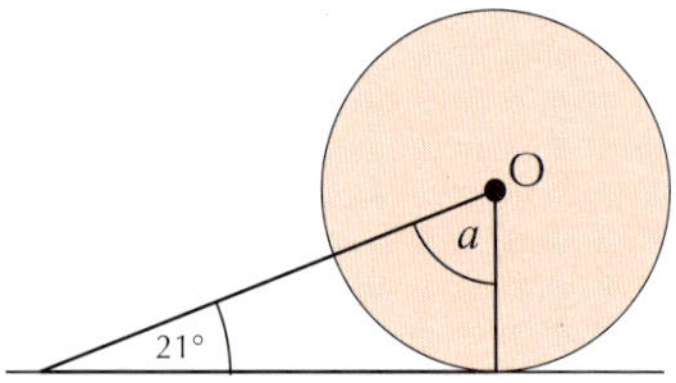

b

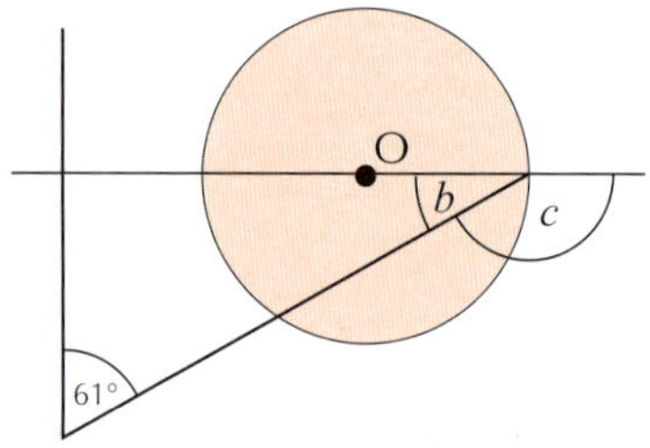

c

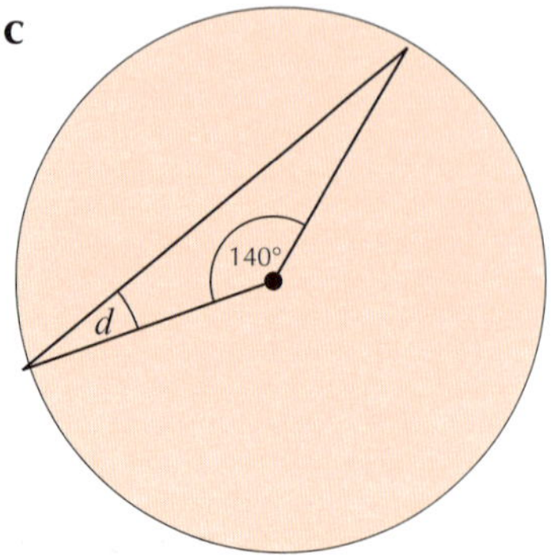

d

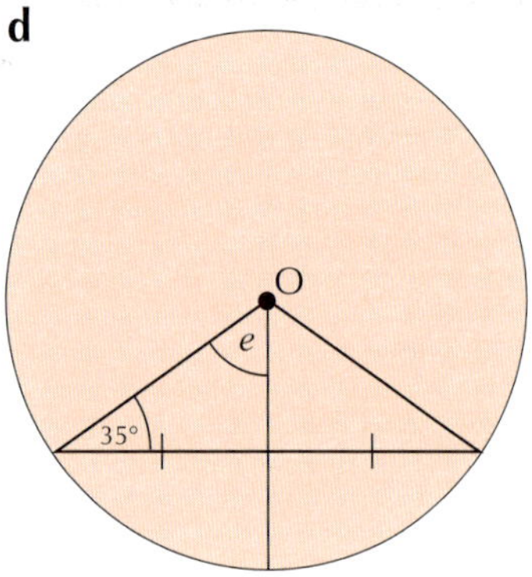

e

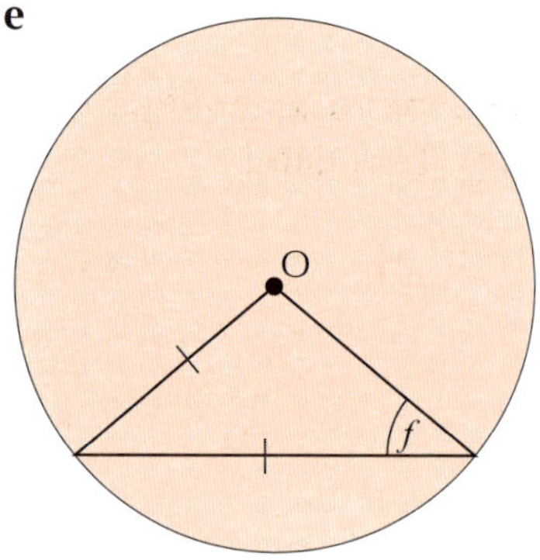

f

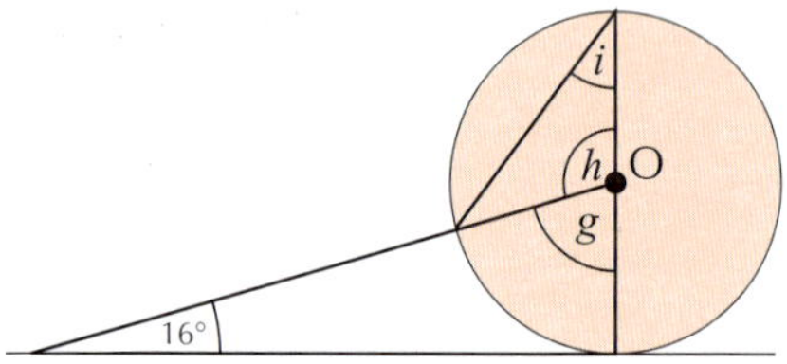

2 Use Pythagoras' theorem to find the marked lengths, correct to one decimal place.

a

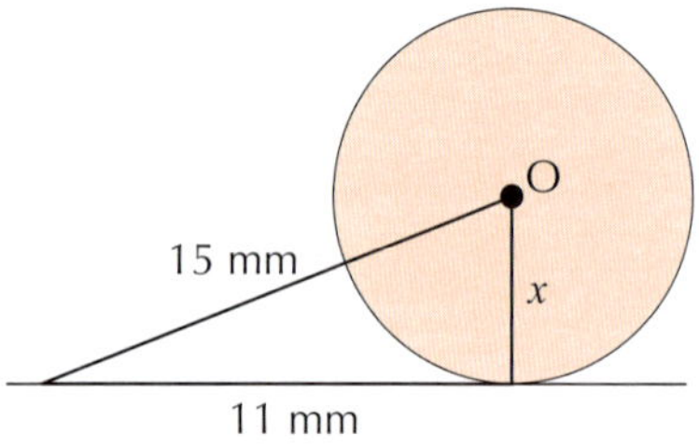

b

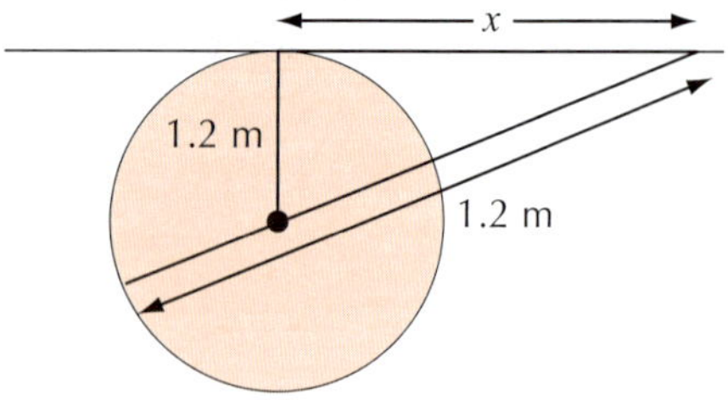

3 Trace this diagram. Construct a circle with centre O and tangent AB. Do not measure any lengths.

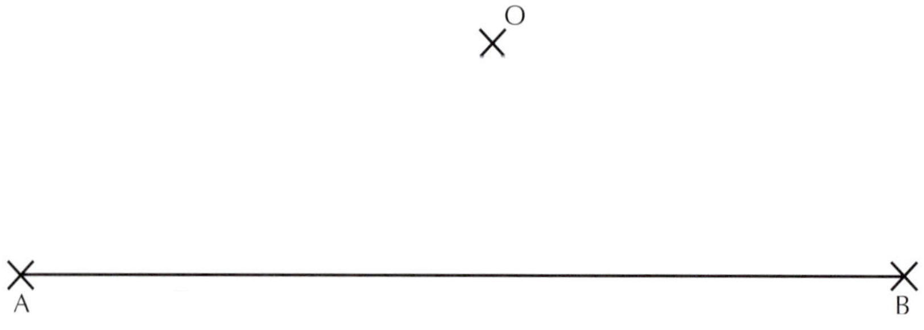

4 Trace this diagram. Draw a circle that passes through points A, B and C.

Do not measure any lengths.
Hint: AC and BC will be chords.

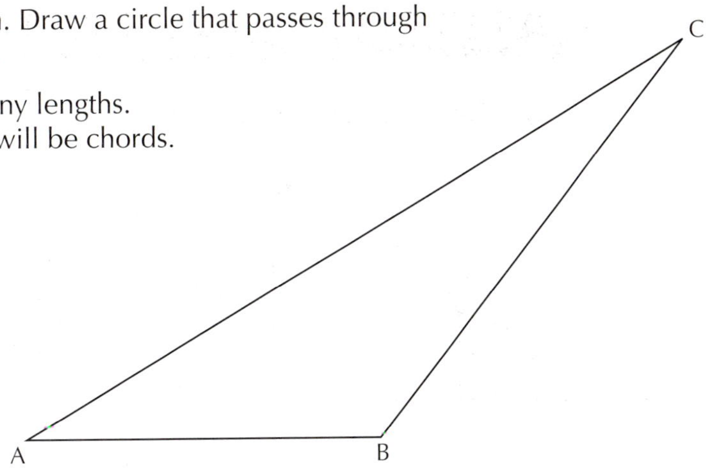

Practice

4F Tessellations

1 **a** Copy each triangle on to squared paper. Does each triangle tessellate?

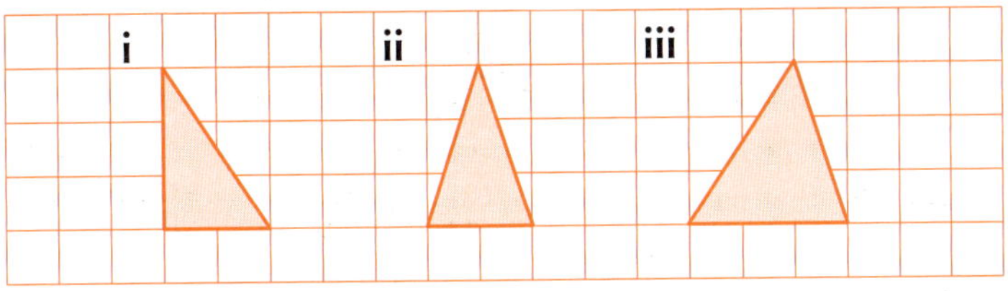

b Draw a scalene triangle (three unequal sides) of your own on squared paper. Does it tessellate?

c Does a triangle always tessellate? Explain your answer.

2 **a** Copy each quadrilateral on to squared paper. Does each quadrilateral tessellate?

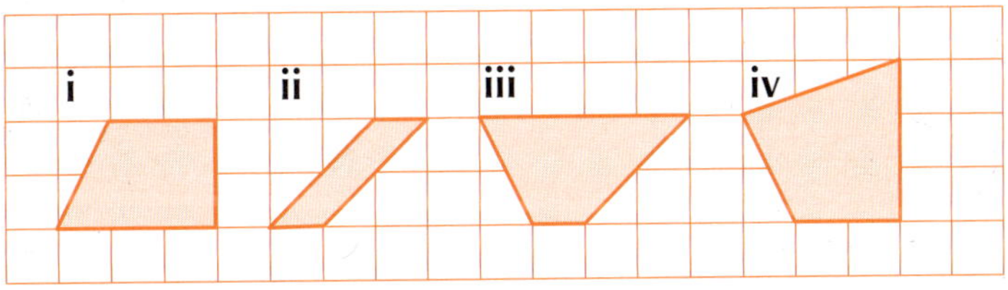

b Draw a quadrilateral of your own on squared paper (not a special quadrilateral). Does it tessellate?

c Does a quadrilateral always tessellate? Explain your answer.

CHAPTER 5

Handling Data 1

Practice

5A Statistical investigations

Conduct an investigation into one of these areas. Follow the steps on pages 80–82 of Pupil Book 3.

1 Typing

2 Computers in the home

3 Boiling an egg

Practice

5B Scatter graphs and correlation

1 There are three ways of combining the variables in pairs (*xy*, *yz* and *zx*). Write down what sort of correlation each pair will have.

x: The number of people who travel to work by car each month
y: The number of people who travel to work by public transport each month
z: The amount of car exhaust pollution each month

Illustrate each correlation by sketching a scatter graph.

2 Ten identical houses had their lofts converted. These scatter graphs show the number of workers, time taken and cost of equipment hire for each loft.

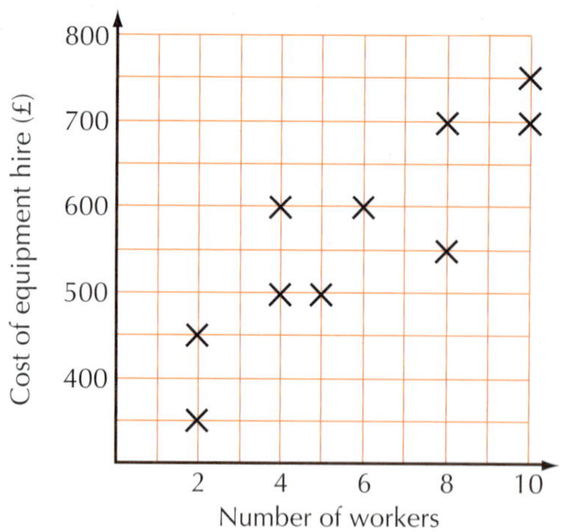

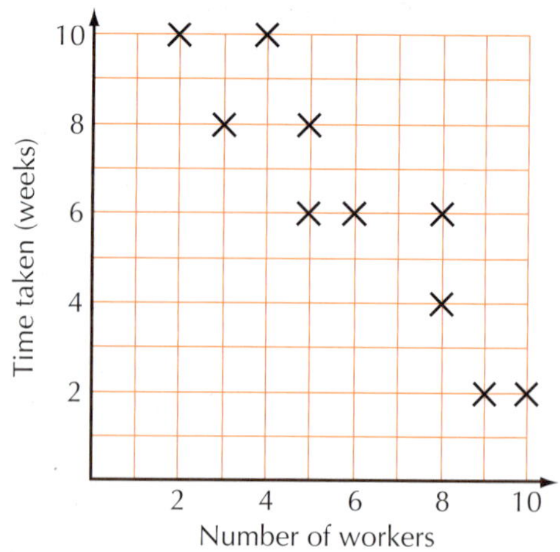

a Describe the correlation between the number of workers and time taken.
b Describe the correlation between the number of workers and the cost of equipment hire.
c **i** Describe the correlation between the time taken and the cost of equipment hire.
ii Sketch a scatter graph to illustrate this correlation.3 The table shows the incomes of 10 people and the size of their car engines.

3 The table shows the incomes of 10 peope and the size of their car engines.

Income, £	10 000	14 000	17 000	27 000	30 000	36 000	37 000	42 000	45 000	50 000
Engine size, cc	1200	1800	1600	1700	2400	3200	1600	2700	3700	2800

a Draw a scatter diagram using these axes.
Horizontal axis (income): £10 000 to £50 000
Vertical axis (engine size): 1000 cc to 4000 cc

b Describe the correlation between income and engine size.

4 Ten pupils spent between 60 and 90 minutes writing a poem. Each poem was marked out of 100. What correlation would you expect between the time spent writing and the marks obtained?

Practice

5C Scatter graphs and lines of best fit

1 This table shows the size and price of books sold by a bookshop in an hour.

Number of pages, *n*	60	60	120	140	140	180	240	280	320	400	480
Price of book, £*P*	1.50	1.00	2.50	3.00	3.20	5.00	4.50	6.00	6.00	7.50	10.00

a Draw a scatter graph for the data. Use these scales.
Number of pages: 2 cm to 100 pages
Price of book: 1 cm to £1

b Draw a line of best fit, by eye.

c Use your line of best fit to estimate
i the cost of a book containing 260 pages
ii the number of pages in a book costing £1.50.

2 Fifteen young drivers were caught speeding through a village. Their ages and the speeds are shown in the table below.

Age	17	17	18	19	20	20	21	22	22	23	24	25	27	27	29
Speed (mph)	46	54	50	44	48	50	42	42	46	46	42	46	40	36	40

a Draw a scatter graph for the data.

b Use your graph to estimate:
i the age of a driver caught speeding at 45 mph
ii the speed of a driver aged 26.

5D Time series graphs

1 This diagram shows how the US produced its energy during the last century.

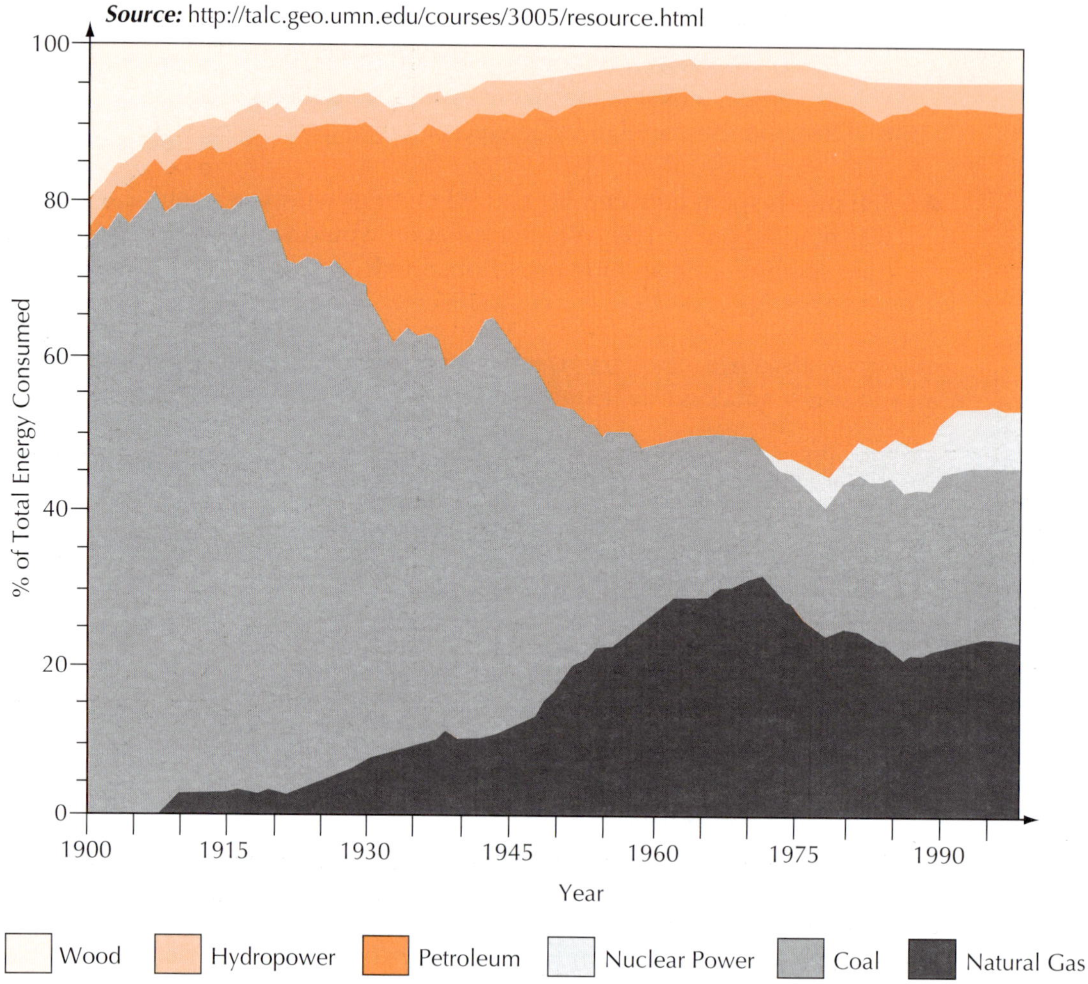

The height of each stripe is the percentage of the total energy that the power source provides.
For example, in 1900, hydropower provided about 4% of the total energy in the US.

a What was the main source of energy at the:
- **i** beginning of the century
- **ii** end of the century?

b Which source of energy provided roughly the same percentage of energy throughout the century?

c Estimate when petroleum and coal were used in equal amounts.

d What percentage of US energy was produced from natural gas in 1975?

e What percentage of US energy was produced from coal in 1945?

f Describe the trend of using wood as an energy source.

g Which energy source provided about twice the energy as hydropower at the end of the century?

h Describe the trend in the use of natural gas.

i The total energy consumed in 1990 was 82 quadrillion units.
- **a** Find out what a quadrillion is.
- **b** Estimate the energy produced from petroleum in 1990.

2 These graphs show the prices and sales of shares in two companies, James, James and Yates (JJY) and Standard Wire (SW), during a day of trading. The number of shares sold is called the 'volume'.

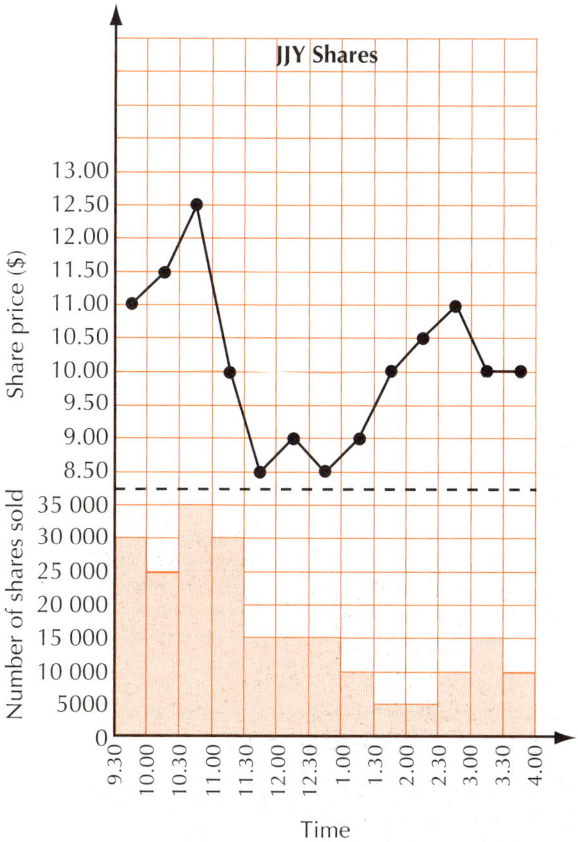

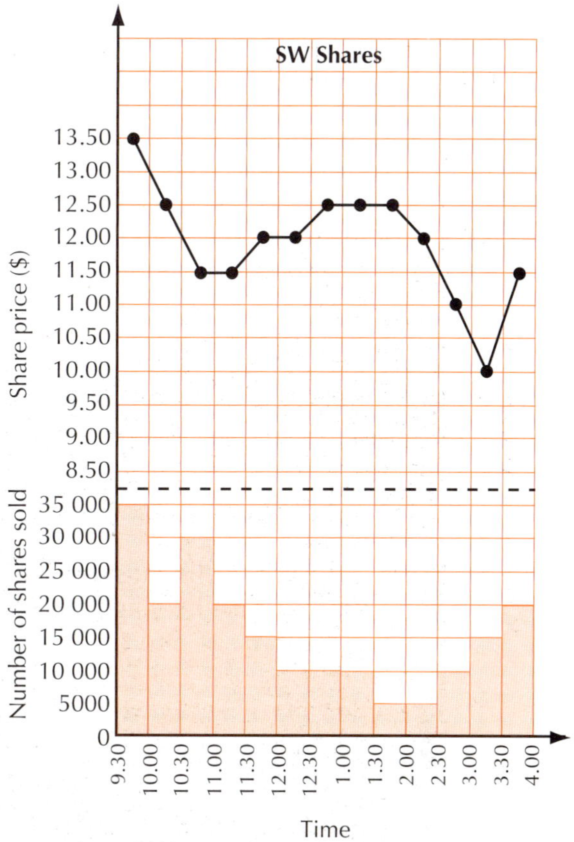

The prices shown are at the end of each 30-minute period. For example, the price of SW was $11.50 at 4 pm, and 20 000 shares were sold between 3.30 pm and 4 pm.

a Which share started trading at the highest price of the day?

b Which share has the greatest range of prices?

c What is the greatest price increase during a half-hour period? State the share and when it occurred.

d Bad news caused one of the shares to greatly reduce in price.

- **i** Which share was this?
- **ii** When did this happen?
- **iii** What was the fall in price?

e What was the difference in share prices at 12.30 pm?

f What do you notice about the volume during the day for both shares? Give a reason why this might have happened.

g During which hour was the least number of shares traded for each company?

h How much money was spent on JJY shares from 2.30 pm to 3.00 pm?

i During which half-hour period was most money spent altogether? How much was spent?

5E Two way tables

1 The tables show some holiday prices (£) to Tenerife and Gran Canaria.

	Tenerife						Gran Canaria					
	1 week			2 weeks			1 week			2 weeks		
Date	**S/C**	**H/B**	**A/I**	**S/C**	**H/B**	**A/I**	**S/C**	**H/B**	**A/I**	**S/C**	**H/B**	**A/I**
28 Feb	159	269	335	200	320	375	177	309	319	225	349	350
10 Mar	159	275	339	200	325	377	189	309	319	220	349	359
14 Mar	170	285	349	208	329	375	190	315	335	218	340	339
21 Mar	175	289	349	215	340	380	190	319	335	220	340	339
28 Mar	149	279	339	215	320	380	195	330	339	216	365	345
4 Apr	169	269	345	219	315	375	199	389	379	225	419	399

S/C = self-catering; HB = hotel, half-board; A/I = all-inclusive

a What is the most expensive two-week holiday in March?
b What is the range of prices of one-week holidays?
c Overall, from which date is it most expensive to travel to Tenerife?
d Describe any patterns you notice.
e Make a two-way table showing the difference in price between one-week two-week holidays to Gran Canaria. What do you notice?
f Which type of holiday to Tenerife (S/C, HB or A/I) varies in price the least? Explain your answer.

2 The table shows the percentage of people owning a computer in 1999 and 2000, and the percentage of the population running a computer connected to the Internet.

		1999		2000	
		Owns a computer connected to the Internet (%)	**Owns a computer (%)**	**Owns a computer connected to the Internet (%)**	**Owns a computer (%)**
Age	15–24	13	45	48	62
	25–34	14	47	51	61
	35–44	17	52	62	71
	45–54	15	48	53	61
	55–64	10	30	35	43
	65–74	4	15	13	20
	75+	2	7	7	10

Source for 2000 data: www.oftel.gov.uk/publications/research
Data for 1999 was estimated based on average percentage change from 2000.

a Describe any trends you notice.
b Compare 1999 with 2000.
c Construct a two-way table showing the percentages of people owning computers not connected to the Internet.

1 This table shows the volume of ice slush dispensed by a number of machines in a chain of shops.

Volume of ice slush (v litres)	Number of machines
$0 \leqslant v < 2$	3
$2 \leqslant v < 4$	8
$4 \leqslant v < 6$	12
$6 \leqslant v < 8$	9
$8 \leqslant v < 10$	5
$10 \leqslant v < 12$	2

a Copy and complete the cumulative frequency table below.

Volume of ice slush (v litres)	Number of machines
$v < 0$	0
$v < 2$	3

b Draw a cumulative frequency diagram.

c Use your graph to estimate the number of machines dispensing:

i less than 5 litres of slush
ii less than 9 litres of slush
iii between 5 and 9 litres of slush
iv more than 3 litres of slush.

d Use your graph to estimate the:

i median
ii lower quartile
iii upper quartile
iv interquartile range.

2 The areas of photographs used in a catalogue are shown below.

Area of photograph (A cm^2)	Number of photographs
$0 < A \leqslant 5$	13
$5 < A \leqslant 10$	25
$10 < A \leqslant 20$	52
$20 < A \leqslant 30$	61
$30 < A \leqslant 40$	34
$40 < A \leqslant 60$	11

a Construct a cumulative frequency table.

b Draw a cumulative frequency diagram.

c Use your graph to estimate the number of photos of area:
 i less than 15 cm^2
 ii less than 35 cm^2
 iii between 15 and 35 cm^2
 iv greater than 25 cm^2.

d Use your graph to estimate the:
 i median
 ii lower quartile
 iii upper quartile
 iv interquartile range.

Practice

5G Estimation of a mean from grouped data

1 This table shows the distances a discus was thrown in a competition.

Distance, d metres	Number of competitors, f	Mid-class value, x	$f \times x$
$15 \leqslant d < 20$	7		
$20 \leqslant d < 25$	20		
$25 \leqslant d < 30$	22		
$30 \leqslant d < 35$	7		
$35 \leqslant d < 40$	3		
$40 \leqslant d < 45$	1		
	Total =		**Total =**

a Copy and complete the table.
b Estimate the mean distance the discus was thrown.

2 A newspaper article claims that the average person drinks over 8 litres of alcohol per year. Matt interviewed 50 people and estimated their yearly alcohol consumption. This table shows his results.

Yearly alcohol consumption (A litres)	Number of people
$0 \leqslant A < 1$	11
$1 \leqslant A < 3$	5
$3 \leqslant A < 5$	8
$6 \leqslant A < 8$	14
$8 \leqslant A < 10$	6
$10 \leqslant A < 12$	4
$12 \leqslant A < 16$	2

a Copy the table. Add columns as in question 1.
b Estimate the mean amount of alcohol consumed in a year.
c Does Matt's data support the newspaper article? Explain your answer.

3 These tables show the amounts collected for charity by pupils of Year 8 and Year 9.

Year 8	
Amount collected, £*m*	**Number of pupils**
$0 \leqslant m < 5$	15
$5 \leqslant m < 10$	20
$10 \leqslant m < 15$	16
$15 \leqslant m < 25$	12
$25 \leqslant m < 40$	6

Year 9	
Amount collected, £*m*	**Number of pupils**
$0 \leqslant m < 10$	11
$10 \leqslant m < 20$	14
$20 \leqslant m < 30$	10
$30 \leqslant m < 40$	7
$40 \leqslant m < 50$	1

a Copy both tables. Add columns as in question 1.
b Which Year collected the most money?
c Estimate the mean amount collected for each Year.
d Did pupils in Year 9 collect more, on average? Explain your answer.

CHAPTER 6 Shape, Space and Measures 2

Practice 6A Similar triangles

1 State whether the triangles are similar. Give reasons for your answers.

a

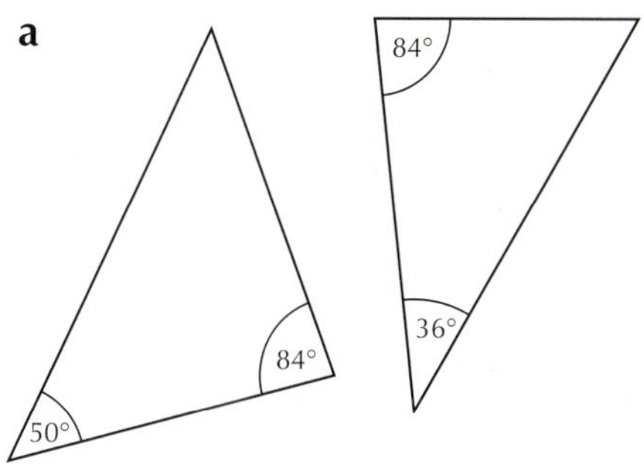

b

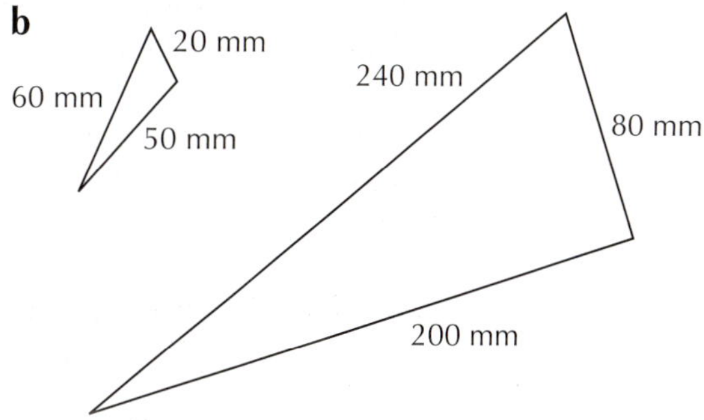

c

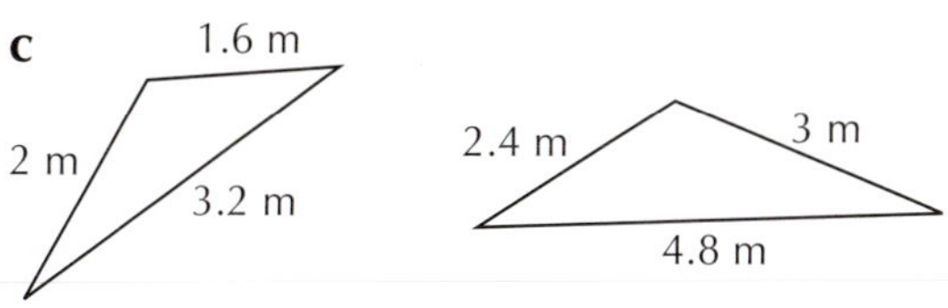

d

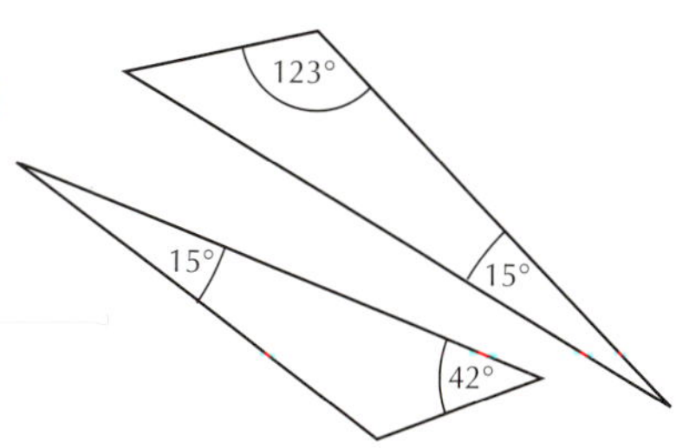

e

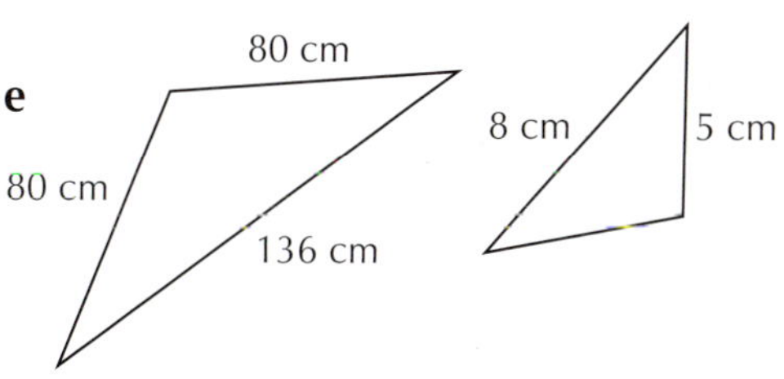

f

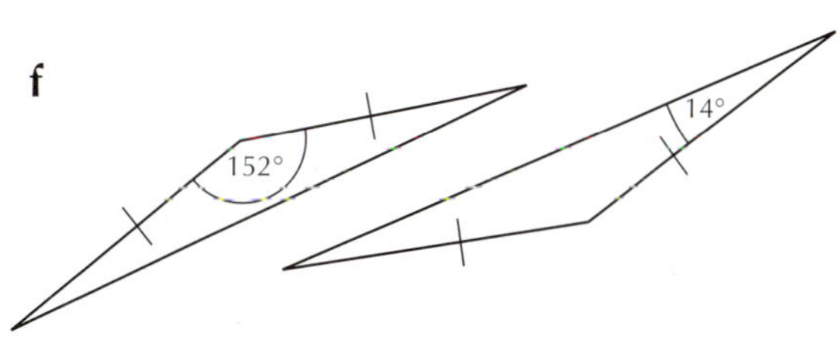

2 **a** Explain why triangle ABC is similar to triangle PQR.

b Calculate the unknown lengths.

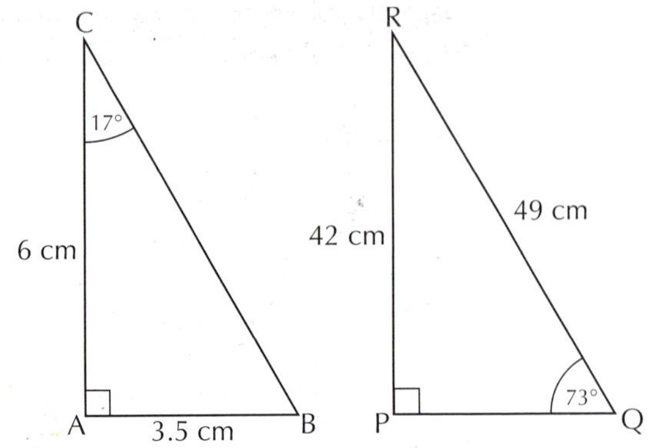

3 Triangle ABC is similar to triangle PQR. Calculate the unknown lengths and angles.

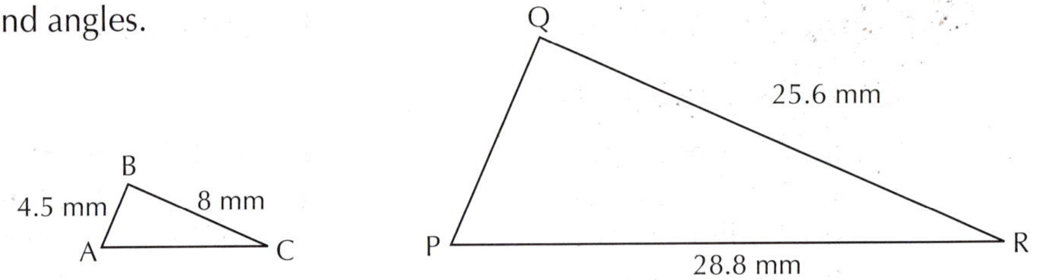

4 The diagram shows the sail of a yacht.

a Explain why triangles PST and PQR are similar.

b Calculate the length of the spar ST.

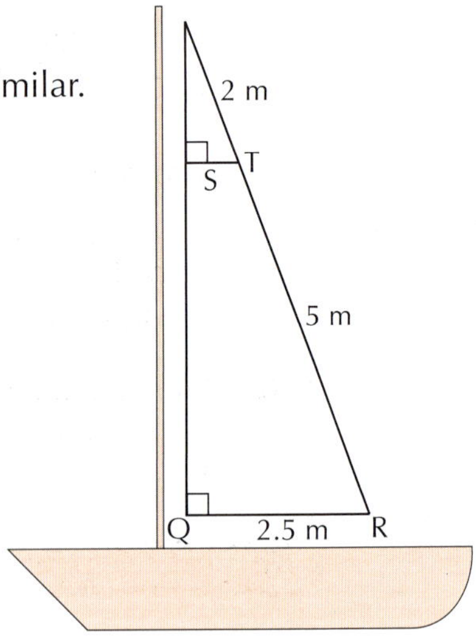

5 **a** Explain why triangles ABC and CDE are similar.

b Calculate the length CD.

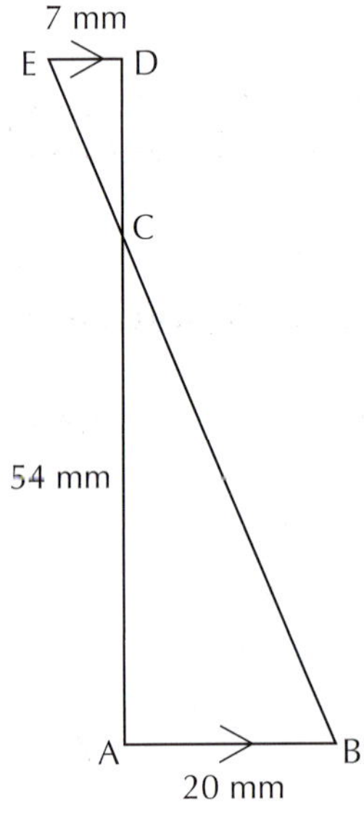

Practice

6B Metric units for area and volume

1 Convert these units.

a 9 m^2 to cm^2
b 0.05 m^2 to cm^2
c 5000 cm^2 to m^2
d 17 cm^2 to m^2
e 11 cm^2 to mm^2
f 850 mm^2 to cm^2
g 0.065 m^2 to mm^2
h $28\,400\text{ mm}^2$ to m^2
i 75 ha to m^2
j 0.085 ha to m^2
k $39\,000\text{ m}^2$ to ha
l 1 ha to mm^2

2 Convert these units.

a 9 cm^3 to mm^3
b 0.066 cm^3 to mm^3
c 3 m^3 to cm^3
d 0.0004 m^3 to cm^3
e 650 mm^3 to cm^3
f $22\,500\text{ cm}^3$ to m^3
g 6 m^3 to mm^3
h $1400\,000\text{ mm}^3$ to m^3

3 Convert these units.

a 72 litres to ml
b 0.15 litres to ml
c 700 ml to litres
d 27 500 ml to litres
e 4.2 litres to cm^3
f 4000 cm^3 to litres
g 39 cm^3 to ml
h 5.2 m^3 to litres
i 80 cm^3 to litres
j 4300 ml to cm^3
k 24 000 litres to m^3
l 850 litres to m^3

4 A rectangular aircraft hangar measures 940 m by 750 m. Find its area, giving your answer in hectares.

5 A rectangular stamp measures 32 mm by 34 mm.

a What is the area of the stamp in **i** mm^2 **ii** cm^2?
b A sheet of stamps has an area of 1.632 m^2. How many stamps are there?

6 An inflatable dinghy has a capacity of 0.66 m^3. Martha's pump blows 1.2 litres of air into the dinghy every second. How long will it take her to fill the dinghy?

Practice

6C Length of an arc and area of a sector

Use $\pi = 3.142$ or π on your calculator.

Give your answers correct to 3 significant figures, where necessary.

1 Calculate **i** the length of arc and **ii** the area of the sector.

a
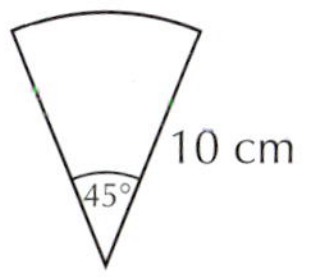

b
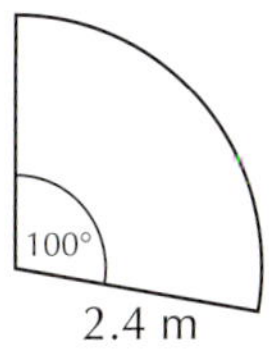

c
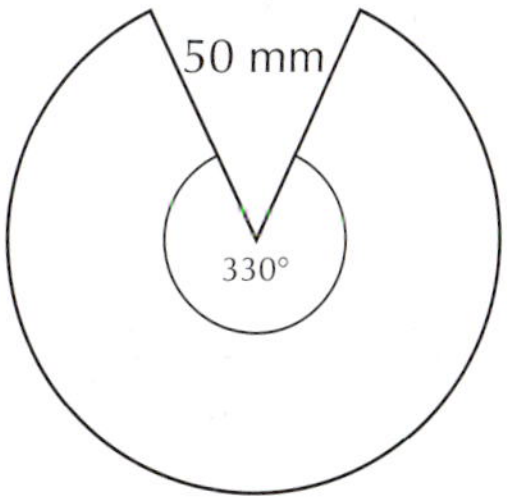

d
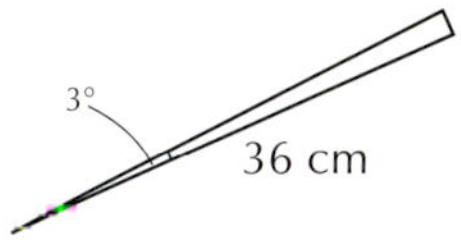

2 Calculate the perimeter of this fan.

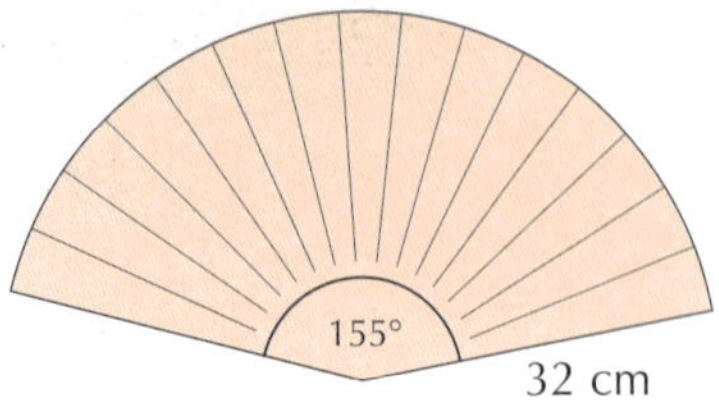

3 The diagram shows the cross-section of a lens.

Calculate the perimeter of the cross-section.

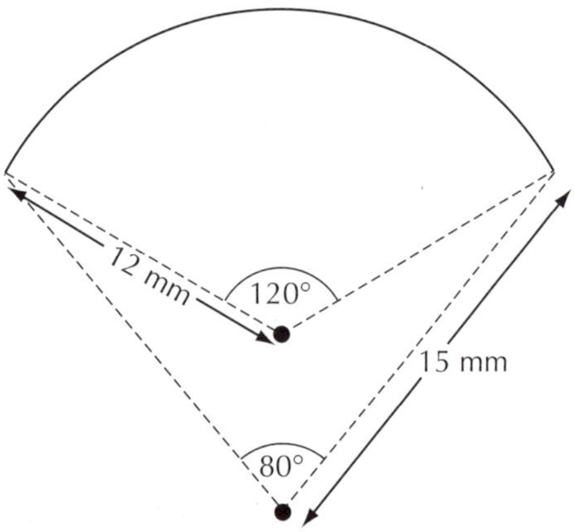

4 The diagram shows a square corner holder in a photo album.

Calculate the shaded area.

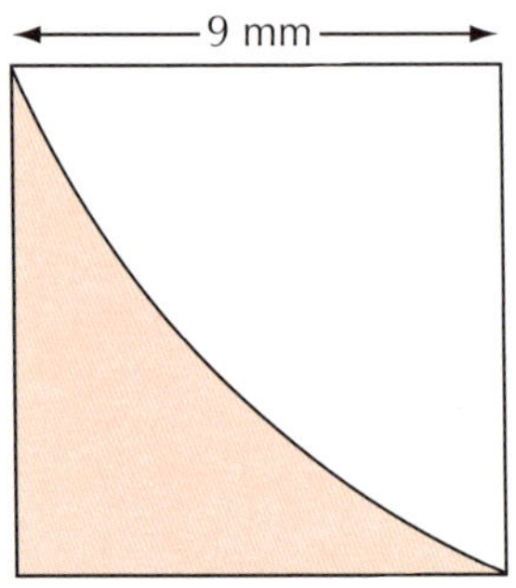

5 Calculate the angle θ to the nearest degree.

a

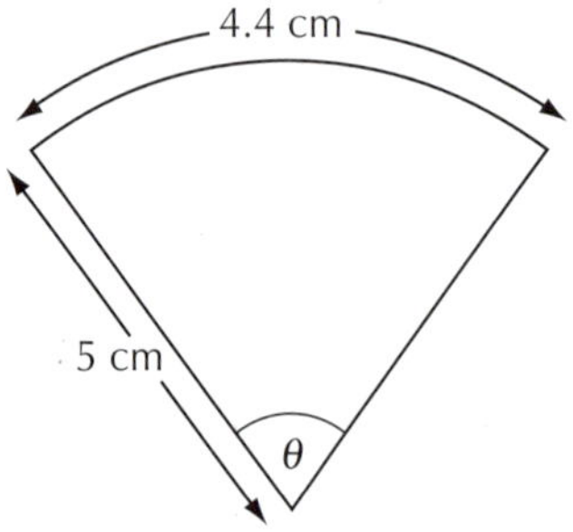

b

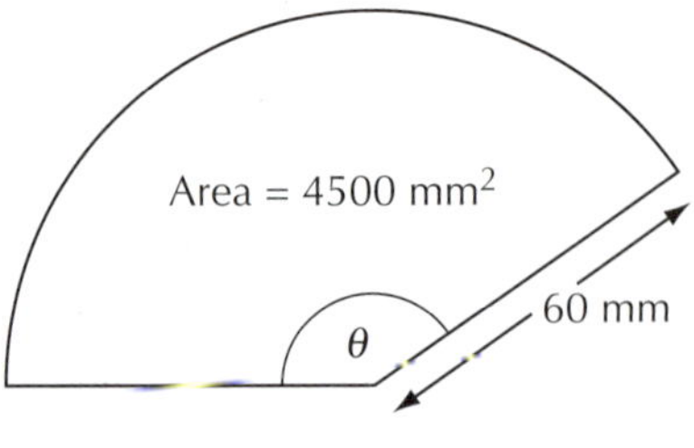

Use π = 3.142 or (π) on your calculator.

1 Calculate the volume of each cylinder, correct to the nearest cm^3.

a

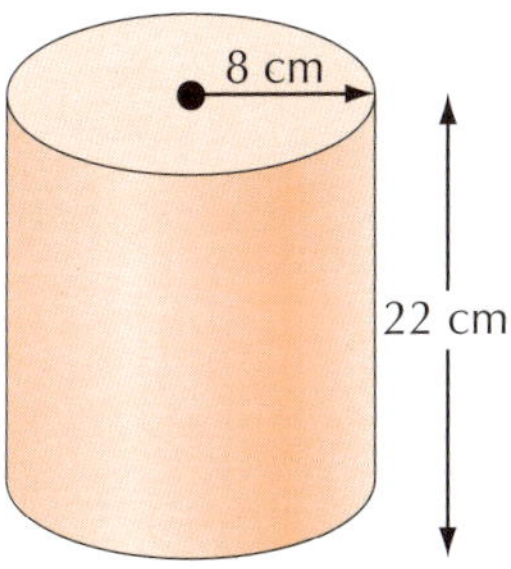

b

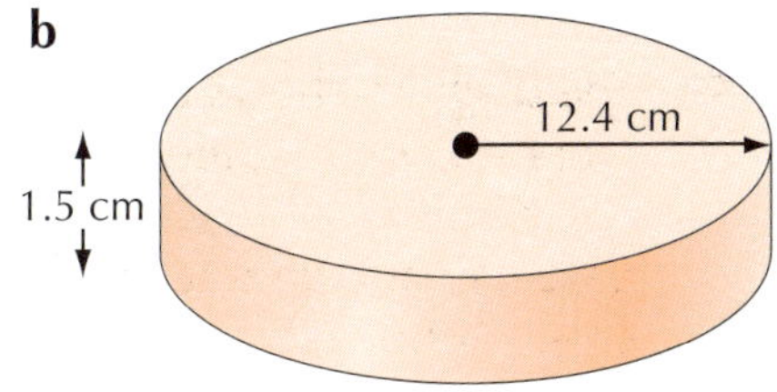

c

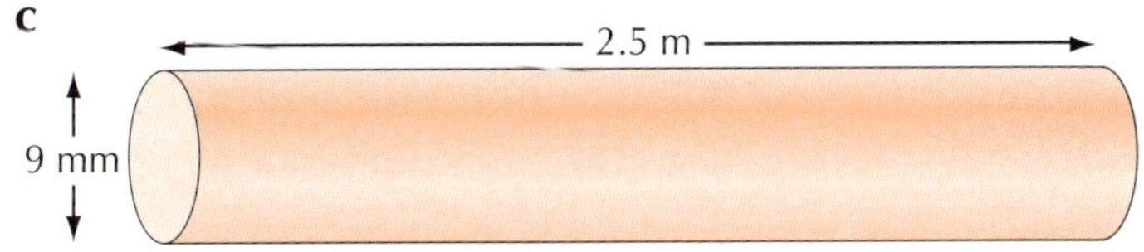

2 A company manufactures tubes and tins of shoe polish.

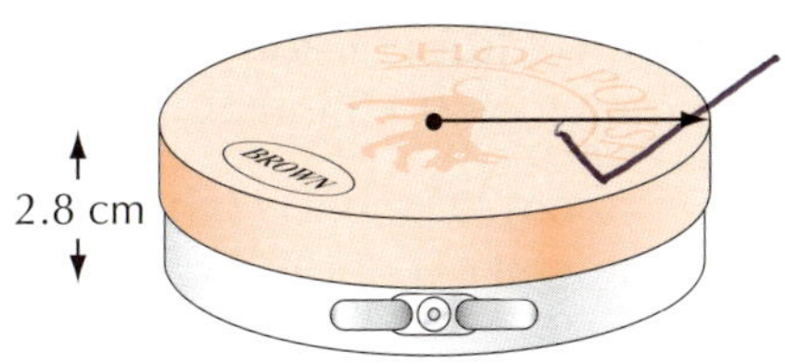

Which contains the most polish?

3 A cylindrical telegraph pole has a diameter of approximately 21 cm. It is sunk approximately 2.5 m into the ground. What is the volume of the hole?

4 The diagram shows a toilet roll.

a Calculate the volume of the hole in the middle.

b Calculate the volume of paper.

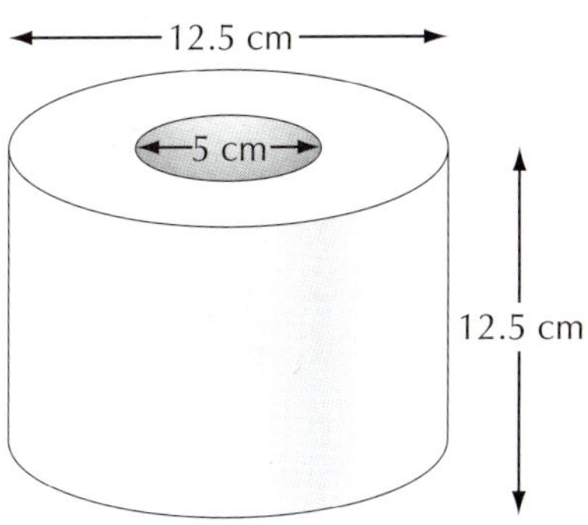

5 1p coins have filled this wishing well to a height of about 25 cm.

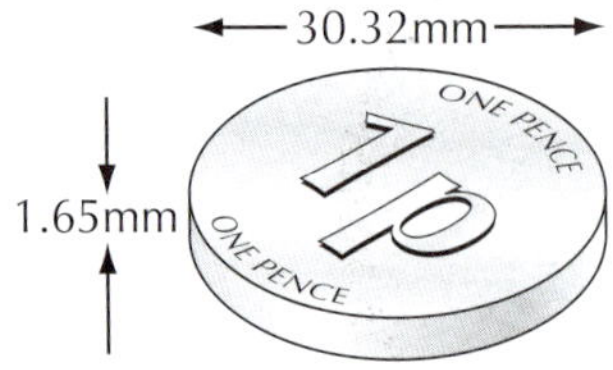

a Calculate the volume of a 1p coin, in cm^3.
b Estimate the volume of coins in the wishing well.
c Estimate the number of coins in the wishing well.

Practice

6E Rate of change

1 It took Apollo 11 approximately 73 hours to travel 385 000 km to the Moon. Calculate the average speed of the spaceship.

2 An arrow travelled 130 m at an average speed of 50 m/s. How long was the arrow in the air?

3 A train took $2\frac{1}{2}$ hours to travel from Diston to Hartley at an average speed of 50 mph. The return journey took 90 minutes.

a Calculate the distance from Diston to Hartley.
b Calculate the average speed over both journeys.

4 Two greyhounds, Charlie and Belle, started a race at the same time.

a Charlie completed the race in 3 minutes at an average speed of 50 km/h. How far did he travel?
b Belle had an injury and completed the race in 4 minutes. What was her average speed in **i** m/s, **ii** km/h?

5 200 cm^3 of butter has a mass of 172 g. Calculate the density of butter.

6 The density of oak is 0.7 g/cm^3. What is the volume of a plank of oak with mass 3.2 kg?

7 A hosepipe fills this cylindrical can at a rate of 8 litres/minute.

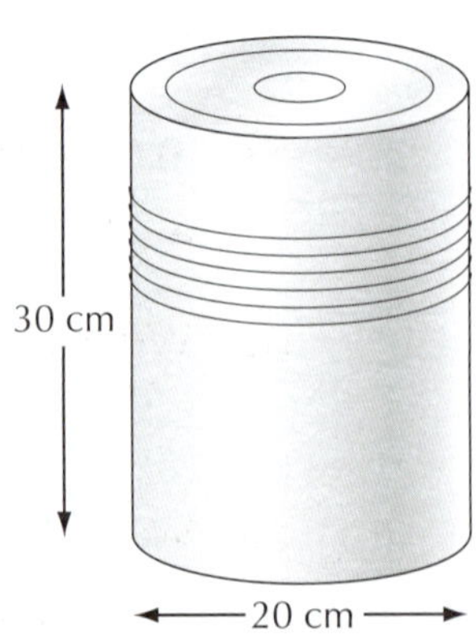

a Calculate **i** the volume of the can in cm^3 and **ii** the capacity of the can in litres.
b How long does it take to fill the can? Give your answer to the nearest second.

8 On a journey lasting 23 minutes, this bicycle wheel rotated at a rate of 95 revolutions per minute.

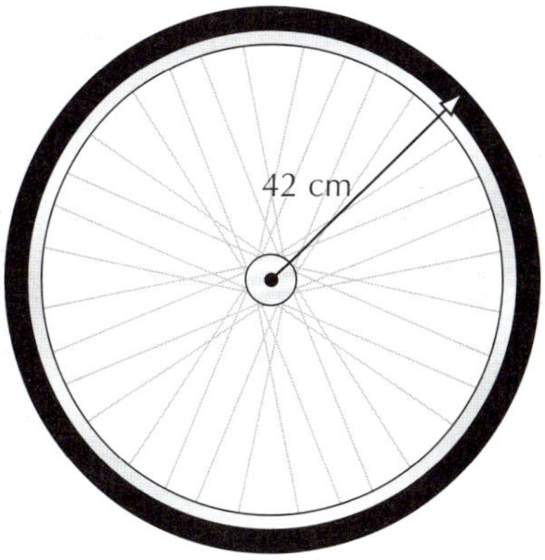

a Calculate the circumference of the wheel.
b Calculate the length of the journey. Give your answer in km, correct to the nearest 100 m.

9 An alloy is made from 3.2 kg of copper, 1.5 kg of lead and 600 g of tin. Calculate the density of the alloy.

Metal	**Density (g/cm^3)**
Copper	8.96
Lead	11.4
Tin	7.3

CHAPTER 7 Number 2

Practice 7A Standard form

1 Which of these numbers are written in standard form?

a 40×10^3 **b** 2.3×10^7 **c** 4×10^{-3}
d 1×10^{10} **e** 10^9 **f** 0.8×10^5

2 Write these as ordinary numbers.

a 2.1×10^3 **b** 4×10^8 **c** 3.9×10^6 **d** 9.9×10^9

3 Write these as ordinary numbers.

a 7.9×10^{-2} **b** 4×10^{-7} **c** 4.6×10^{-4} **d** 1.8×10^{-5}

4 Write these as ordinary numbers.

a 3.7×10^2 **b** 2.8×10^{-3} **c** 8×10^{10} **d** 6×10^{-1}

5 Write these numbers using standard form.

a 3200 **b** 900 000 **c** 420 **d** 8 000 000 000

6 Write these numbers using standard form.

a 0.054 **b** 0.000 007 **c** 0.3 **d** 0.0044

7 Write these numbers using standard form.

a 500 **b** 0.000 67 **c** 0.07 **d** 77 000 000

8 Write these numbers using standard form.

a 27×10^2 **b** 0.07×10^7 **c** 400×10^{-5} **d** 0.13×10^{-2}

9 Write the numbers on these calculator displays

i in standard form
ii as ordinary numbers.

a 6.2^{03} **b** 2^{-03} **c** 9^{09} **d** 1.1^{-06}

10 Write these quantities in standard form.

a The distance from the sun to the nearest star: 40 000 000 000 000 km
b The mass of an electron: 0.000 000 000 000 000 000 000 000 000 000 91 kg
c The area of the Earth: 510 000 000 km^2

Practice

7B Multiplying with numbers in standard form

1 Calculate these. Give your answers in standard form.
Do not use a calculator. Show your working.

a $(4 \times 10^3) \times (2 \times 10^2)$ **b** $(7 \times 10^4) \times (4 \times 10^5)$
c $(8 \times 10^8) \times (1 \times 10^{-3})$ **d** $(2.5 \times 10^{-4}) \times (6 \times 10^{-1})$
e $(1.2 \times 10^{-7}) \times (7 \times 10^6)$ **f** $(7 \times 10^5)^2$

Use a calculator for the remaining questions.

2 Calculate these. Give your answers in standard form.
Do not round your answers.

a $(1.4 \times 10^5) \times (2.3 \times 10^3)$ **b** $(3.7 \times 10^{-2}) \times (4.1 \times 10^5)$
c $(8.7 \times 10^4) \times (3 \times 10^{-6})$ **d** $(4.5 \times 10^{-4}) \times (3.5 \times 10^{-3})$
e $(9.2 \times 10^{-3}) \times (7.1 \times 10^3)$

3 Calculate these. Give your answers in standard form.
Round your answers to 3 significant figures.

a $(2.74 \times 10^{-3}) \times (1.9 \times 10^2)$ **b** $(7.33 \times 10^2) \times (4.25 \times 10^8)$
c $(9.08 \times 10^{-5}) \times (1.1 \times 10^3)$ **d** $(2.59 \times 10^{-4}) \times (6.993 \times 10^{-6})$
e $(3.29 \times 10^{-3}) \times (7.005 \times 10^{10})$

4 The mass of a proton is 1.67×10^{-27} kg. What is the total mass of 5×10^{18} protons?

5 The distance of the Earth from the Sun is 1.526×10^9 m. A rocket travels from the Earth to the Sun at an average speed of 450 metres per second. How long will the journey take? Give your answer correct to 3 significant figures.

Practice

7C Dividing with numbers in standard form

1 Calculate these. Give your answers in standard form.
Do not use a calculator. Show your working.

a $(4 \times 10^6) \div (2 \times 10^2)$
b $(7 \times 10^4) \div (4 \times 10^6)$
c $(8 \times 10^8) \div (1 \times 10^{-3})$
d $(2.5 \times 10^7) \div (5 \times 10^3)$
e $(1.2 \times 10^{-7}) \div (6 \times 10^6)$
f $(9.99 \times 10^{21}) \div (3 \times 10^{18})$

Use a calculator for the remaining questions.

2 Calculate these. Give your answers in standard form.
Do not round your answers.

a $(1.4 \times 10^5) \div (2.5 \times 10^3)$
b $(3.7 \times 10^{-2}) \div (4 \times 10^5)$
c $(2.4 \times 10^4) \div (7.5 \times 10^{-1})$
d $(4.5 \times 10^{-4}) \div (7.2 \times 10^{-3})$
e $(1 \times 10^{-3}) \div (1.25 \times 10^3)$

3 Calculate these. Give your answers in standard form.
Round your answers to 3 significant figures.

a $(8.73 \times 10^{-3}) \div (1.9 \times 10^2)$
b $(4.33 \times 10^2) \div (2.25 \times 10^8)$
c $(1 \times 10^{-5}) \div (1.1 \times 10^3)$
d $(6.59 \times 10^{-4}) \div (2.993 \times 10^{-6})$
e $(7.29 \times 10^{-3}) \div (2.005 \times 10^{10})$
f $\sqrt[3]{(3.4 \times 10^{20})}$
g $\dfrac{1}{1.4 \times 10^4}$

4 A digital photo has a size of 1.2×10^6 Bytes. How many photos can be stored on a computer hard drive with a capacity of 2.8×10^{11} Bytes?

5 Light travels at a speed of 2.99×10^8 metres per second. The distance of the Earth from the Sun is 1.526×10^6 km. How long does it take for light to travel from the Sun to the Earth?

Practice

7D Upper and lower bounds 1

1 Find the upper and lower bounds of these quantities.

a The radius of a pizza that is 13 cm, to the nearest cm.
b A piggy bank that holds 500 1p coins, to the nearest 10 coins.
c A battery that lasts 60 hours, to the nearest 5 hours.
d A computer that downloads at a speed of 62 000 bytes per second, to the nearest 1000 bytes per second.
e A car that can travel 800 miles on a full tank, to the nearest 50 miles.

2 ChocoDrops are covered with 60 sugar dots, to the nearest 10. Bags contain 120 ChocoDrops, to the nearest 10.

- **a** What is the least number of sugar dots on a ChocoDrop?
- **b** What is the greatest number of ChocoDrops in a bag?
- **c** What is the least number of sugar dots contained in a bag?

3 A golfer can drive a golf ball 120 m, to the nearest 10 m.

- **a** What is the furthest she can drive the ball?
- **b** The green is 225 m away. Can she be sure of reaching the green in two strokes? Explain your answer.

4 Will these bolts always fit into the washers? Measurements are to the nearest millimetre. Explain your answer.

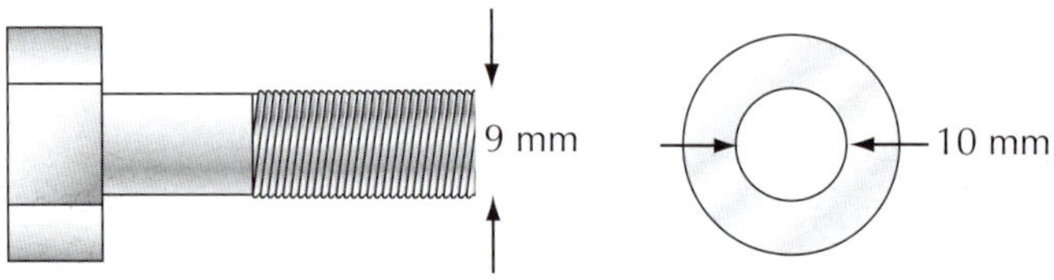

5 Calculate the upper and lower bounds for the perimeter of this door. Measurements are to the nearest centimetre.

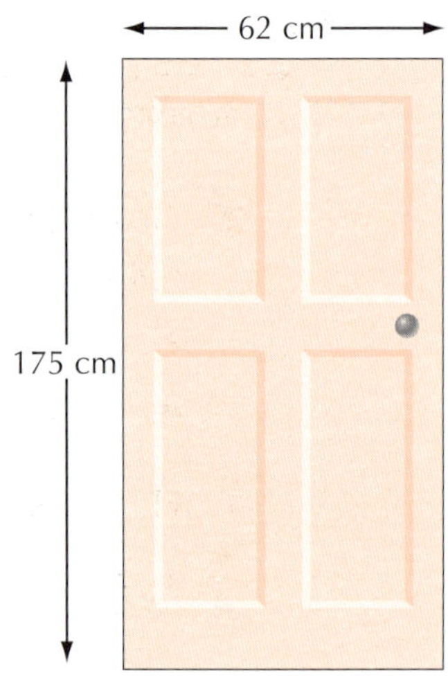

6 A videotape can record 480 minutes, to the nearest 10 minutes. NorthEnders lasts 25 minutes, to the nearest minute. Will 19 episodes of NorthEnders always fit onto a videotape? Explain your answer.

Practice

7E Upper and lower bounds 2

1 Calculate upper and lower bounds for the area of each shape. The accuracy of the measurements is shown.

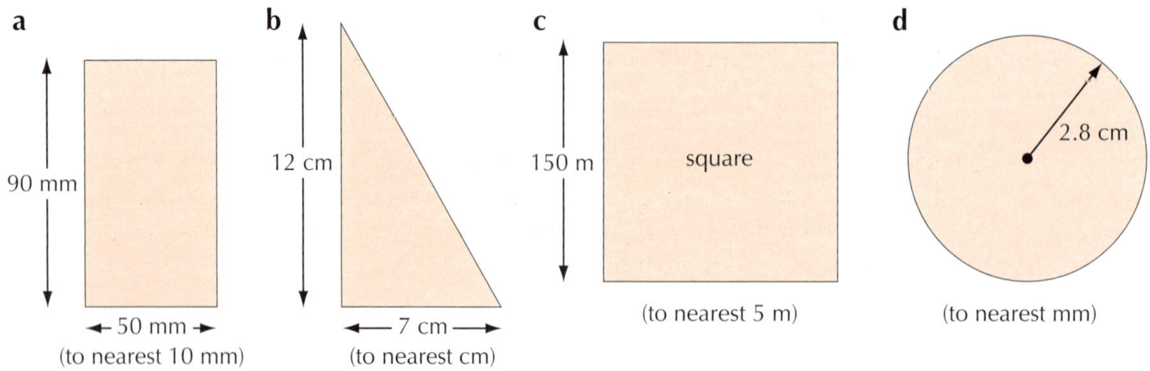

2 Calculate upper and lower bounds for each marked dimension. The accuracy of the measurements is shown.

a

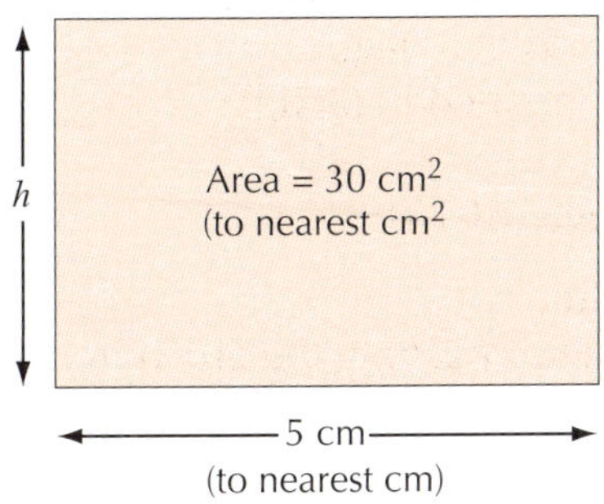

b

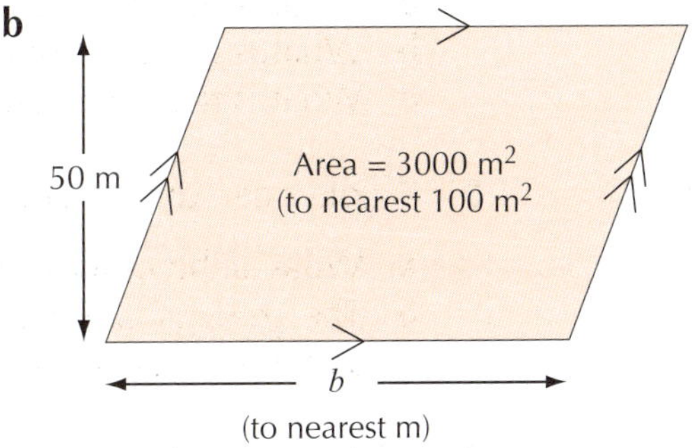

c

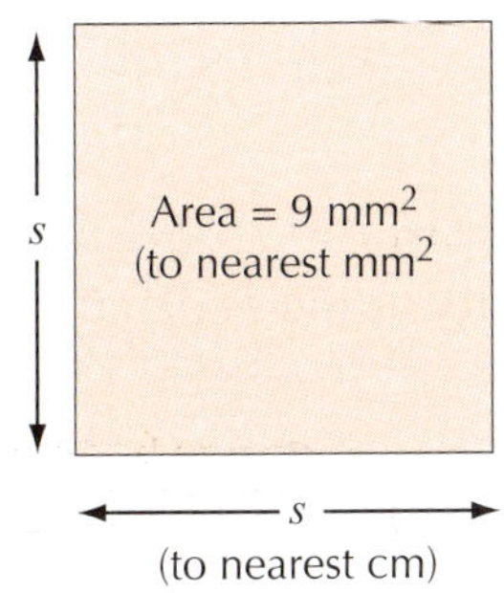

d

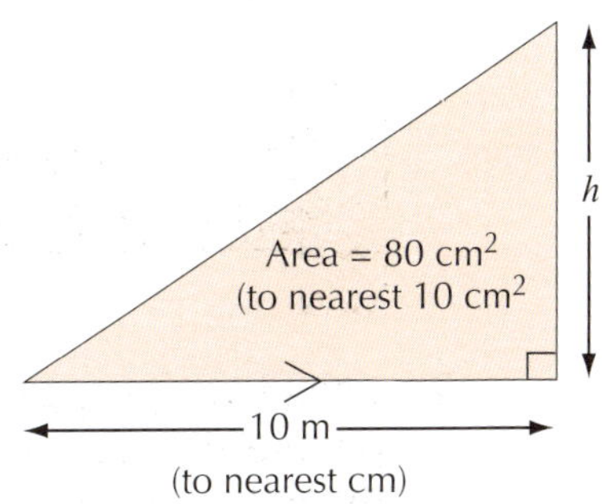

3 Given that $a = 40$ to the nearest 10, and $b = 200$ to the nearest 100, find upper and lower bounds for each of these.

a ab **b** $\frac{b}{a}$ **c** a^2 **d** $a + b$

e $b - a$ **f** $a(b - a)$ **g** $(a + b)^2$

4 Hot dogs weigh 80 g to the nearest 5 g.

a A hot dog machine produces 300 hot dogs every hour, to the nearest 10 hot dogs. What is the greatest possible weight of hot dogs produced in an hour?

b A team of workers pack 200 kg of hot dogs every hour, to the nearest 10 kg. What is the least possible number of hot dogs they pack in an hour?

5 A wine glass holds 17 cl, to the nearest centilitre. A vat holds 80 litres, to the nearest litre.

a What is the least possible number of glasses that can be filled from the vat?

b What is the greatest possible number of glasses that can be filled from the vat?

6 Marcia's giant footsteps are 1.2 m, to the nearest 10 cm. The perimeter of her local recreation ground is 840 m, to the nearest 10 metres. Marcia walked around the recreation ground. What is **a** the least and **b** the greatest possible number of giant footsteps she took?

Practice

7F Recurring decimals

1 Write these fractions as recurring decimals.

a $\frac{5}{9}$ **b** $\frac{1}{6}$ **c** $\frac{8}{11}$

d $\frac{100}{909}$ **e** $\frac{7}{90}$ **f** $\frac{148}{990}$

2 **a** Copy and complete these recurring decimals.

$\frac{1}{33} = 0.\dot{0}\dot{3}$

$\frac{2}{33} = \ldots$

…

$\frac{12}{33} = \ldots$

$\frac{13}{33} =$

b Describe how to write any 'thirty-third' as a recurring decimal without using a calculator, e.g. $\frac{15}{33}$.

3 Write these recurring decimals as fractions in their simplest form.

a $0.\dot{7}$ **b** $0.\dot{4}\dot{2}$ **c** $0.\dot{2}4\dot{3}$

d $0.\dot{0}\dot{4}$ **e** $0.0\dot{8}$ **f** $0.0\dot{0}\dot{3}$

4 Write these recurring decimals as fractions in their simplest form.

a $0.07\dot{1}\dot{5}$ **b** $0.4\dot{8}\dot{5}$ **c** $0.0\dot{1}2\dot{3}$

5 Write these recurring decimals as mixed fractions.

a $8.0\dot{7}$ **b** $2.\dot{3}\dot{9}$ **c** $3.\dot{4}0\dot{6}$

6 If you multiply any two fractions that have recurring decimals, do you always get a fraction with a recurring decimal?

Example: $\frac{2}{3} = 0.\dot{6}$

$\frac{1}{11} = 0.\dot{0}\dot{9}$

$\frac{2}{3} \times \frac{1}{11} = \frac{2}{33} = 0.\dot{0}\dot{6}$

Practice

7G Efficient use of a calculator

Round your answers to a suitable degree of accuracy, where necessary.

1 Use the power key on your calculator to evaluate these.

a 6^6 **b** 0.81^3 **c** 1.27^5 **d** 230^4

2 Use the fraction key to calculate these.

a $\frac{7}{12} + \frac{9}{20} - \frac{3}{5}$ **b** $2\frac{2}{5} \div 1\frac{8}{9}$ **c** $\frac{3}{5} \times (\frac{7}{9} - \frac{4}{7})$ **d** $(3\frac{2}{3})^3$

3 Use the fraction and power keys to calculate these.

a $16^{\frac{1}{2}}$ **b** $343^{\frac{1}{3}}$ **c** $81^{\frac{1}{2}}$

4 Calculate these.

a $2.3^2 + 5.1(1.8 + 5.4)$ **b** $\sqrt{\frac{13}{15} - \frac{7}{11}}$

c $[12^3 + (17 + 25)^2] \div 19$ **d** $\pi^3 + 4\pi - \sqrt{\pi}$

e $\dfrac{\pi}{\sqrt{0.9^2 + 0.6^2}}$

5 **a** Press these keys on your calculator.

i [1] [$x!$] [=]

ii [2] [$x!$] [=]

iii [3] [$x!$] [=]

b Copy and complete this table.

x	1	2	3	4	5
$x!$					

c Describe any pattern you notice.

d Use your pattern to find the answer to [6] [$x!$] [=]
Check your answer using a calculator.

e Copy and complete these calculations.

$1 = 1$
$2 \times 1 = 2$
$3 \times 2 \times 1 =$
$4 \times 3 \times 2 \times 1 =$

f What do you notice about the answers?

g Use [$x!$] to calculate these.

i $9 \times 8 \times 7 \times 6 \times 5 \times 4 \times 3 \times 2 \times 1$
ii $12 \times 11 \times 10 \times 9 \times 8 \times 7 \times 6 \times 5 \times 4 \times 3 \times 2 \times 1$

CHAPTER 8 Algebra 4

Practice

8A Index notation with algebra – negative powers

1 Calculate these powers. Use a calculator where necessary.

a 2^{10} **b** 4^4 **c** 10^{12}
d 6^9 **e** 1.4^4 **f** 7^7

2 Simplify these.

a $a^3 \times a^2$ **b** $m^4 \times m^4$ **c** $u \times u^5$
d $10^4 \times 10^3$ **e** $p^8 \times p^6$ **f** $t^2 \times t \times t^7$

3 Simplify these.

a $5v^2 \times 3v$ **b** $4a^2 \times 5a^2$ **c** $h^2 \times 6h^7$
d $4c^5 \times 3c^2 \times c$ **e** $g^2 \times 5g^3 \times 5g^8$ **f** $(3n)^3$
g $(2d)^5$

4 Simplify these.

a $\frac{j^5}{j^2}$ **b** $\frac{w^9}{w^6}$ **c** $\frac{10^8}{10^3}$
d $p^7 \div p^6$ **e** $\frac{n^5}{n^5}$ **f** $10^6 \div 10^3$
g $\frac{y^{12}}{y^2}$

5 Simplify these.

a $\frac{8d^5}{d^2}$ **b** $\frac{10c^4}{c^3}$ **c** $\frac{20k^8}{4k^3}$ **d** $30p^7 \div 6p^3$ **e** $\frac{16x^9}{8x^6}$

6 Write these powers as fractions.

a m^{-2} **b** t^{-4} **c** 10^{-2}
d a^{-1} **e** 10^{-9} **f** 4^{-1}

7 Write these fractions using powers with negative indices.

a $\frac{1}{b^3}$ **b** $\frac{1}{10^2}$ **c** $\frac{1}{t^3}$
d $\frac{1}{10}$ **e** $\frac{1}{k^{10}}$ **f** $\frac{1}{5}$
g $\frac{4}{d^2}$ **h** $\frac{2}{u}$ **i** $\frac{3}{e^6}$
j $\frac{20}{r^4}$

8 Simplify these. Your answers should not contain fractions.

a $m^4 \times m^{-1}$ **b** $10^{-3} \times 10^7$ **c** $n^3 \times n^{-8}$
d $t^{-1} \times t^2$ **e** $A^5 \times A^{-10}$ **f** $v^{-3} \times v^{-2}$
g $m^5 \div m^7$ **h** $10^2 \div 10^7$ **i** $G^3 \div G^4$
j $t \div t^6$

9 Simplify these. Your answers should not contain fractions.

a $2p^3 \times p^{-1}$ **b** $8n^2 \div n^5$ **c** $2b^{-3} \times 3b^5$
d $12s^5 \div 4s^2$ **e** $W^3 \times 4W^{-7}$ **f** $6u \div 3u^4$

Practice

8B Square roots and cube roots

1 Calculate these, correct to 1 decimal place where necessary.

a $\sqrt{169}$ **b** $\sqrt{10}$ **c** $\sqrt[3]{343}$
d $\sqrt[3]{900}$ **e** $\sqrt{5240}$ **f** $\sqrt[3]{-8000}$

2 Calculate these, correct to 2 significant figures where necessary.

a $\sqrt{2000\,000}$ **b** $\sqrt[3]{216\,000}$
c $\sqrt{40\,000}$ **d** $\sqrt[3]{-150\,000}$

3 Solve these quadratic equations, correct to 1 decimal place.

a $x^2 = 40$ **b** $y^2 = 200$ **c** $4h^2 = 20$ **d** $\frac{d^2}{7} = 6$

4 Darren made some mistakes in his homework. He wrote cube roots ($\sqrt[3]{\ }$) as square roots ($\sqrt{\ }$). Copy and correct his homework.

a $\sqrt{64} = 4$ **b** $\sqrt{16} = 4$ **c** $\sqrt{-8} = -2$
d $\sqrt{20} \approx 4.47$ **e** $\sqrt{90} \approx 4.48$

5 **i** Without using a calculator, estimate the value of these.
ii Calculate the value using your calculator. Use an appropriate degree of accuracy.

a $\sqrt{300}$ **b** $\sqrt[3]{300}$ **c** $\sqrt{60}$
d $\sqrt[3]{60}$ **e** $\sqrt{6}$ **f** $\sqrt[3]{6}$

6 **a** **i** Calculate the square root of 100.
ii Calculate the cube root of the answer.
b **i** Calculate the cube root of 100.
ii Calculate the square root of the answer.
c What do you notice? Write down a rule.
d Test your rule using a different number.

7 Without using a calculator, write down the value of these.

a $36^{\frac{1}{2}}$ **b** $64^{\frac{1}{3}}$ **c** $10\,000^{\frac{1}{2}}$
d $64^{\frac{1}{6}}$ **e** $256^{\frac{1}{4}}$

8 Use the root key $\sqrt[x]{\ }$ or $x^{\frac{1}{n}}$ of your calculator to calculate these, using a suitable degree of accuracy.

Example Calculate **i** $5^{\frac{1}{4}}$, **ii** $729^{\frac{1}{6}}$

Working **i** [4] [$\sqrt[x]{\ }$] [5] [=] 1.495 (3 d.p.)

ii [7] [2] [9] [$x^{\frac{1}{n}}$] [6] [=] 3

a $4096^{\frac{1}{6}}$ **b** $6^{\frac{1}{2}}$ **c** $100^{\frac{1}{3}}$ **d** $16\,807^{\frac{1}{5}}$ **e** $10^{\frac{1}{4}}$

Practice

8C Quadratic graphs

1 Copy and complete the tables. Plot the curved graph using the given scales.

a $y = x^2 - 4$

x	–3	–2	–1	0	1	2	3
x^2	9						
–4	–4						
$y = x^2 - 4$	5						

x-axis: 2 cm to 1 unit for $x = -3$ to 3
y-axis: 2 cm to 1 unit for $y = -4$ to 5

b $y = x^2 + 4x - 3$

x	–3	–2	–1	0	1	2	3
x^2	9						
$+4x$	–12						
–3	–3						
$y = x^2 + 4x - 3$	–6						

x-axis: 2 cm to 1 unit for $x = -3$ to 3
y-axis: 1 cm to 2 units for $y = -8$ to 18

2 Construct a table of values for each equation, and then draw its graph.

a $y = x^2 + 3x$ for $x = -3$ to 3
b $y = x^2 - 3x + 5$ for $x = -2$ to 4

3 Investigation

a Draw the graph of each equation for $x = -2$ to 2. Use these scales:
x-axis: 4 cm to 1 unit; y-axis: 1 cm to 1 unit.
i $y = x^2 + x$
ii $y = x^2 + 2x$
iii $y = x^2 + 3x$
iv $y = x^2 + 4x$

b Comment on your graphs.

c Sketch onto your diagram the graph of $y = x^2 + 1.5x$ using a dotted line.

4 The volume, V, in ml of paint needed to paint this sign is given by the formula

$V = 3r^2 - 8r + 10$

where r cm is the outer radius of the sign.

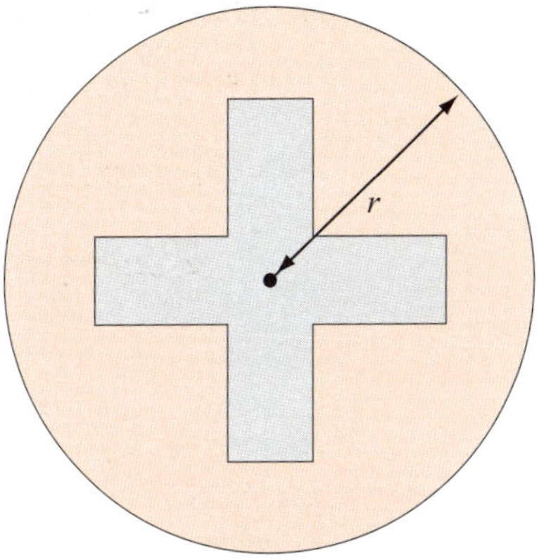

a Draw a graph to show the volume of paint needed for radii of $r = 0$ to 5. Use the scales x-axis: 2 cm to 1 cm, y-axis: 2 cm to 10 ml.

b Use your graph to estimate the paint needed when $r = 2.5$ cm.

c Use your graph to estimate the radius of a sign requiring 35 ml of paint.

Practice

8D Cubic graphs

1 Copy and complete the tables. Plot the curved graph using the given scales.

a $y = x^3 - 4x^2 + 15$

x	−2	−1	0	1	2	3	4
x^3	−8						
$-4x^2$	−16						
+15	+15						
$y = x^3 - 4x^2 + 15$	−9						

x-axis: 2 cm to 1 unit for $x = -2$ to 4
y-axis: 1 cm to 2 units for $y = -16$ to 20

b $y = x^3 + 2x + 5$

x	−2	−1.5	−1	−0.5	0	0.5	1	1.5	2
x^3	−8								
$+2x$	−4								
+5	+5								
$y = x^3 + 2x + 5$	−7								

x-axis: 2 cm to 1 unit for $x = -2$ to 2
y-axis: 2 cm to 10 units for $y = -10$ to 30

2 Construct a table of values for each equation, and then draw its graph.

a $y = x^3 - 3x + 10$ for $x = -2$ to 3 (whole values only).
Use scales x-axis: 2 cm to 1 unit; y-axis: 1 cm to 2 units.

b $y = x^3 + x^2 - 10$ for $x = -2$ to 3 (whole values only).
Use scales x-axis: 2 cm to 1 unit; y-axis: 1 cm to 2 units.

3 **a** Plot the graphs of these equations on the same axes, for $x = 0$ to $x = 3$. Use scales x-axis: 2 cm to 1 unit; y-axis: 1 cm to 2 units.

$y = x^3 + 2x$
$y = 4x + 5$

b Use your graphs to solve the above simultaneous equations.

CHAPTER 9 Handling Data 2

Practice 9A Probability

1 Which statements are incorrect? Explain why.

a I never get a seat on the train, so it is unlikely I'll get one today.
b There are two ways a drawing pin can land when it is dropped. So there is an evens chance of it landing point up.

c My name is Andrew. There must be another person in my school named Andrew.
d You could never win the lottery three times in a row.
e Today is 21st August and it is sunny. It will probably be sunny tomorrow.
f Three boxes contain 6, 6, and 12 eggs. One of the eggs is broken. Emma buys one of the boxes. There is a 1 in 3 chance that her box contains the broken egg.
g Sam walked under a ladder. Soona said, 'That's bad luck. Something will probably go wrong for you today.'

2 Which of these pairs of events are *not* independent? Give a reason for your answer.

a A bird comes into a garden. A second bird joins the first.
b Choosing a heart from a pack of 52 cards. Choosing a heart from a pack of 52 cards with the four kings removed.
c I have a box of old pens. I choose a red one and it runs out the same day. I choose a blue one and it runs out the same day.
d I don't guess your lucky number the first time. I guess your lucky number the second time.

3 These dice have the letters shown on their sides.

Dice 1
6 sided:
A D E E E F

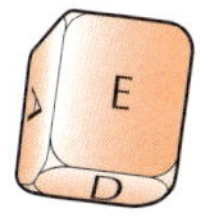

Dice 2
8 sided:
A B B B B D E F

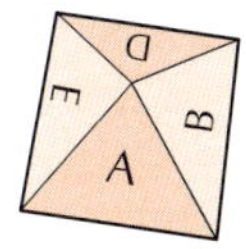

Dice 3
12 sided:
A A B B D D E E F F G G

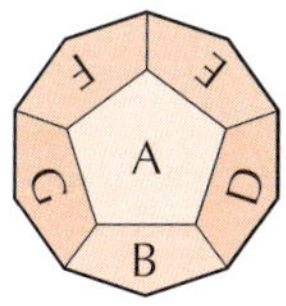

Dice 4
20 sided:
A A A D D D D E E E E E F F F F F F I I

All the dice are rolled.

- **a** Which dice has the greatest chance of showing an E?
- **b** Which dice has the least chance of showing one of the letters D or F?
- **c** Which dice are unlikely to show a vowel?
- **d** Which dice is most likely to show one of the letters of the word BAD?
- **e** Which dice has a fifty-fifty chance of showing a consonant?
  Note: a consonant is a letter that is not a vowel.
- **f** Which dice has the greatest chance of not showing a letter from the word DEAF?

Practice

9B Mutually exclusive and exhaustive events

For Questions 1–3, a ring is randomly thrown at this board and lands on one of the numbered hooks.

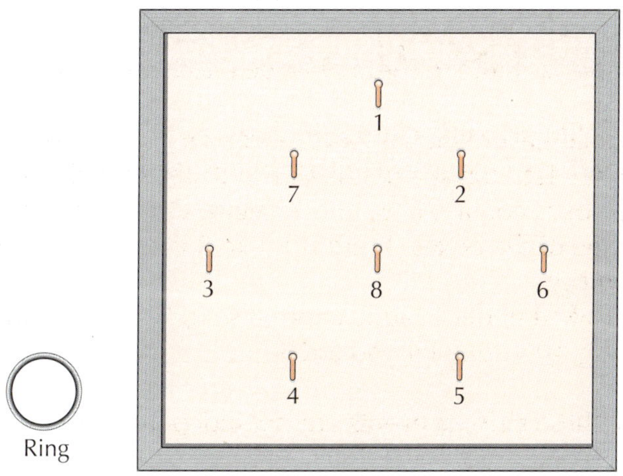

1 Decide whether each pair of events is mutually exclusive or not. Give reasons for your answers.

- **a** Ring lands on an odd number.
  Ring lands on 8.
- **b** Ring lands on a prime number.
  Ring lands on a multiple of 3.
- **c** Ring lands on a square number.
  Ring lands on a prime number.
- **d** Ring lands on a number greater than 4.
  Ring lands on a factor of 8.

2 a Why is this set of events exhaustive?
Ring lands on the number 1
Ring lands on a prime number
Ring lands on an even number greater than 3

b Write down another set of events that are exhaustive.

3 Calculate the probability that the ring:

a lands on a prime number
b does not land on a square number
c lands on a multiple of 3 or an odd number.

4 The dartboard shows the probability of Darren hitting one of five areas. Darren throws a dart.

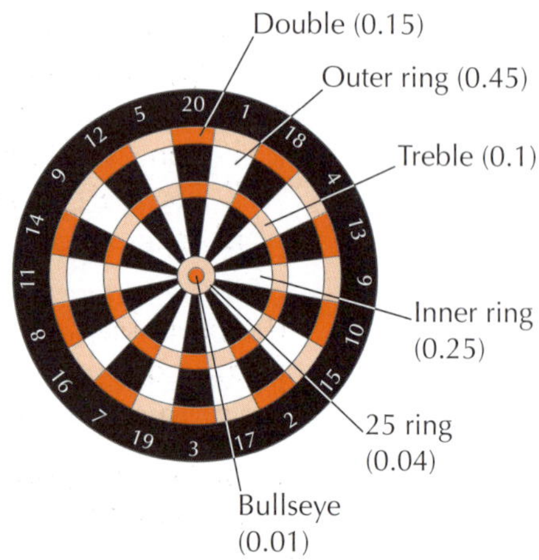

a Calculate the probability that it:
i lands on a double or treble
ii lands on a bulls eye or 25 ring
iii does not land on the inner ring
iv lands on a double, outer ring or treble
v does not land on a treble or bulls eye.

b If Darren throws a dart 500 times, how many times would you expect it to hit the outer ring?

Practice

9C Combining probabilities and tree diagrams

1 The probability of a first-class letter arriving the next day is 0.9. Brenda sends a birthday card and a bill using first class post.

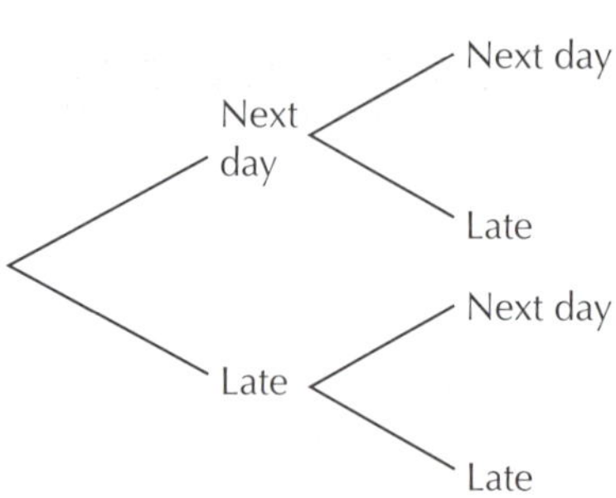

		Bill	
		Next day	Late
Birthday card	Next day		
	Late		

a Copy and complete the tree diagram.
b Copy and complete the two-way table.
c Use your diagram to calculate the probability of:
i both letters arriving the next day
ii only the birthday card arriving the next day
iii at least one of the letters arriving the next day.

2 Paula withdrew one of these hidden straws. Then Jerry took one.

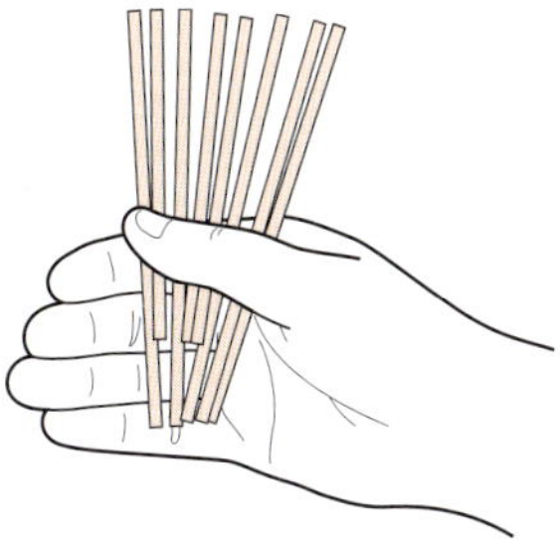

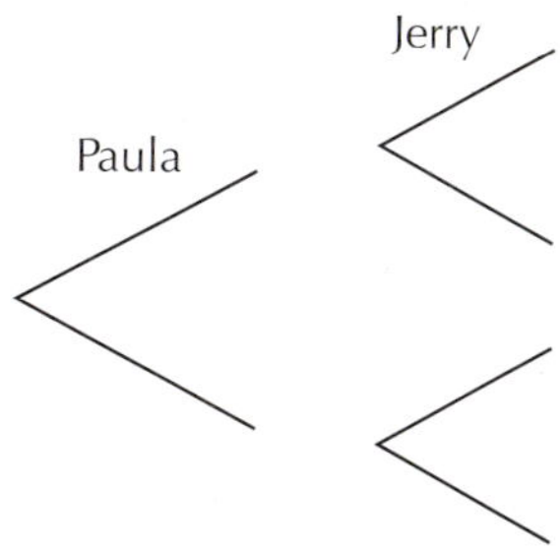

		Jerry	
		Short	Long
Paula	Short		
	Long		

a Copy and complete the tree diagram.
b Copy and complete the two-way table.
c Use your diagram to calculate the probability that:
  i only Paula drew a short straw
  ii both Paula and Jerry drew a long straw
  iii exactly one short straw was drawn.

3 The probability of Carlos hitting 20 on a dartboard is $\frac{4}{5}$.
Carlos throws two darts.

a Make a tree diagram to show the probabilities.
b Make a two-way table of the probabilities.
c Use your diagram to calculate the probability of Carlos hitting:
  i 20 twice
  ii 20 once only
  iii 20 with the second dart.

Practice

9D Estimates of probability

1 These five identical buttons were dropped 80 times.

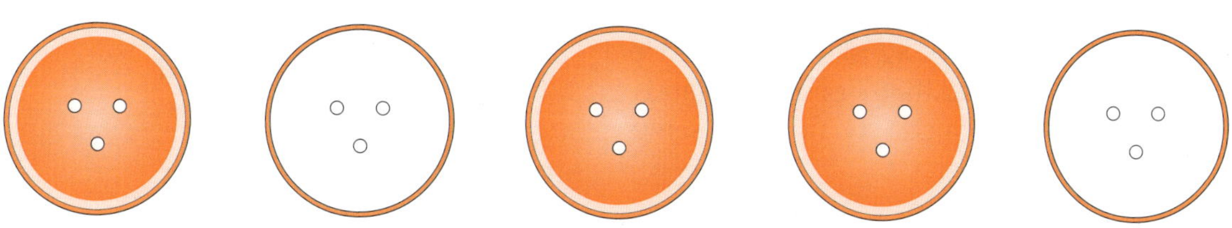

The number of buttons that fell white side up was recorded each time.

This table summarises the results.

Number of buttons falling white side up	0	1	2	3	4	5
Frequency	3	14	24	27	11	1
Relative frequency		0.175				

a Copy and complete the table.
b What is the estimated probability of:
  i 3 buttons falling white side up?
  ii no buttons falling white side up?
  iii more than 3 buttons falling white side up?
c If the five buttons were dropped 300 times, how many times would you expect:
  i 3 buttons to fall white side up?
  ii no buttons to fall white side up?
d **i** How many buttons were dropped altogether?
  ii How many buttons landed white side up altogether?
  iii Estimate the probability of a single button landing white side up when dropped.
  iv If you dropped a button to see who goes first in a game, would that be fair?

2 A company that manufactures computer chips makes regular quality control checks. This table shows how many computer chips are checked and how many of them are faulty.

	Hourly check	Daily check	Weekly check	Monthly check
Number of chips checked	20	50	200	500
Number of chips faulty	3	8	26	72
Relative frequency				

a Copy and complete the table.
b Estimate the probability of a computer chip being faulty.
c A batch contains 6000 computer chips. Estimate the number that are faulty.
d Every year the company produces 70 million computer chips. Estimate the number that are faulty.

3 Harbans dealt himself 10 hands of 5 cards from an ordinary pack of 52 playing cards. He found that 3 of the 10 hands contained a pair of the same cards.

He dealt more hands of cards and recorded the number containing pairs. The results are shown in the table below.

Number of hands dealt	10	20	30	40	50	60	70	80	90	100
Number of hands containing a pair	3	10	11	18	20	26	28	34	38	42
Relative frequency	0.30									

a Copy and complete the table. Work to 2 decimal places.

b Plot a graph of the relative frequencies. Use these scales.
Horizontal axis (hands dealt): 1 cm to 10 hands
Vertical axis (relative frequency): 2 cm to 0.1, from 0 to 0.5

c What is the best estimate for the probability of a hand containing a pair? How does the graph show this?

d If Harbans dealt 500 hands, how many would you expect to contain a pair?

CHAPTER 10 Shape, Space and Measures 3

Practice 10A Fractional enlargements

1 Copy (or trace) each shape with its centre of enlargement O. Enlarge the shape by the given scale factor.

a

Scale factor $\frac{1}{2}$

b

Scale factor $-\frac{1}{4}$

c

Scale factor $2\frac{1}{2}$

d

Scale factor $-1\frac{1}{2}$

2 Copy each diagram. Use the ray method to enlarge the shape using the given centre and scale factor.

a

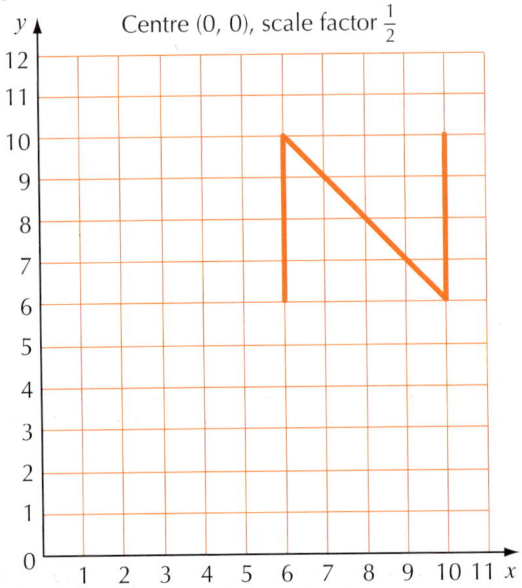

b

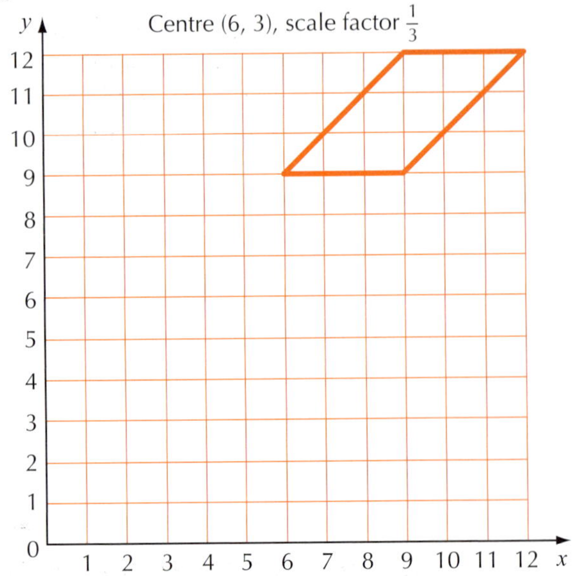

c

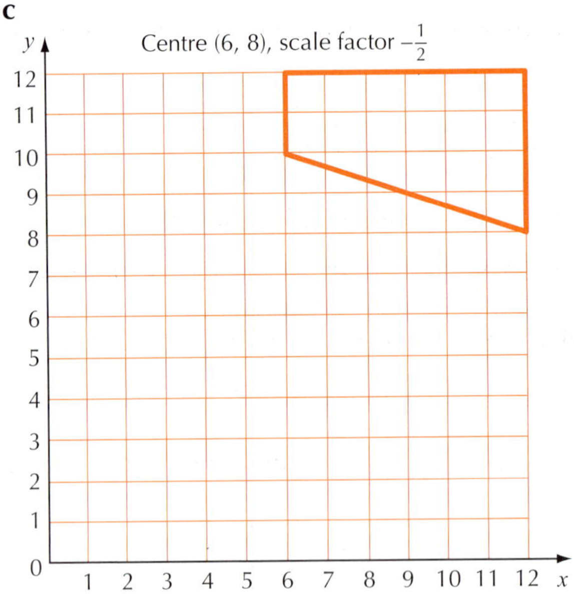

3 You are given the coordinates of triangle ABC. The triangle is going to be enlarged about the origin using the given scale factor. For each triangle:

i calculate the coordinates of the image A′B′C′.
ii draw ABC and A′B′C′ on a grid.
iii draw rays to check that A′B′C′ is the enlargement of ABC about the origin.

a A (3, 6), B (9, 6), C (6,9); scale factor $\frac{1}{3}$
b A (4, 10), B (10, 10), C (8, 8); scale factor $\frac{1}{4}$
c A (1, 2), B (5, 2), C (5, 4); scale factor $-\frac{1}{2}$

4 One of the shapes is an enlargement of the other.

a Which are the two shapes?
b What is the scale factor of the enlargement?
c Use rays to find the centre of enlargement.

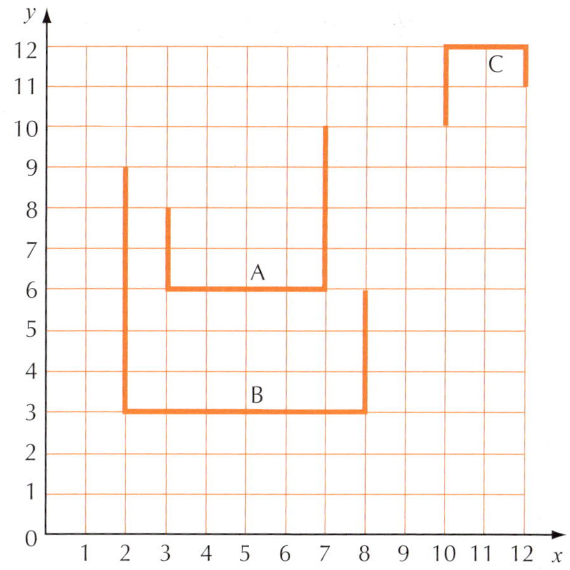

Practice

10B Trigonometry - The tangent of an angle

1 Find the values of these tangents, giving your answers correct to 3 decimal places.

a tan32° **b** tan89° **c** tan1°
d tan7.3° **e** tan0°

2 Find angle θ, giving your answers correct to 1 decimal place.

a $\tan\theta = 1$ **b** $\tan\theta = 0.35$ **c** $\tan\theta = 4$ **d** $\tan\theta = 1.86$

3 Calculate these, giving your answers correct to 3 significant figures.

a 7tan12° **b** 1.5tan38° **c** 200tan87° **d** 10.5tan4°

4 Find angle θ, giving your answers correct to 1 decimal place.

a

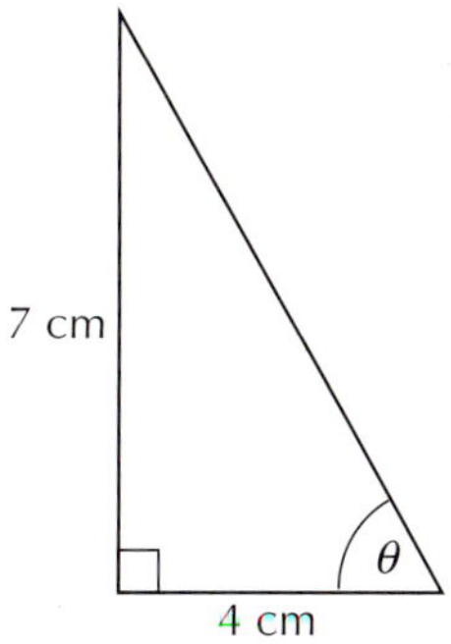

b

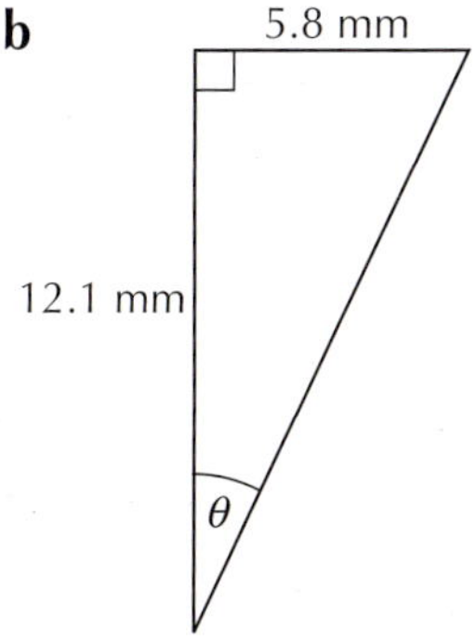

c

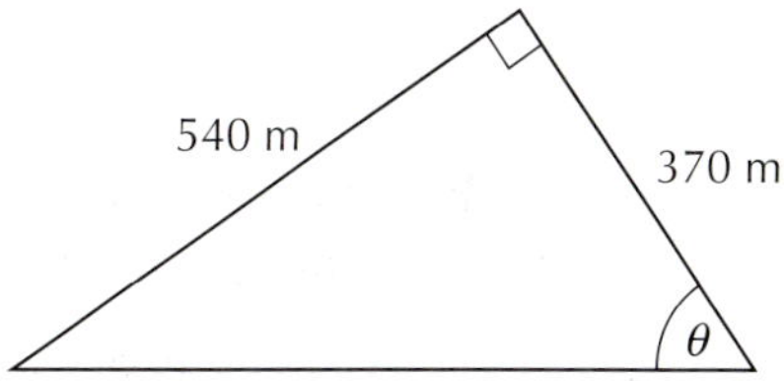

5 Calculate x correct to 3 significant figures.

a

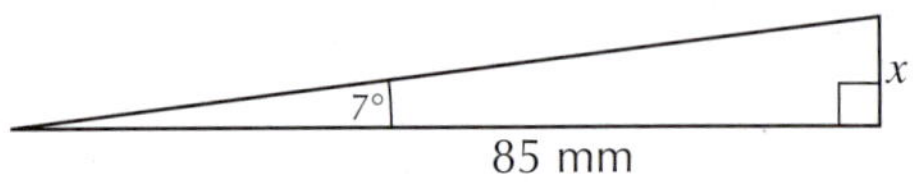

b

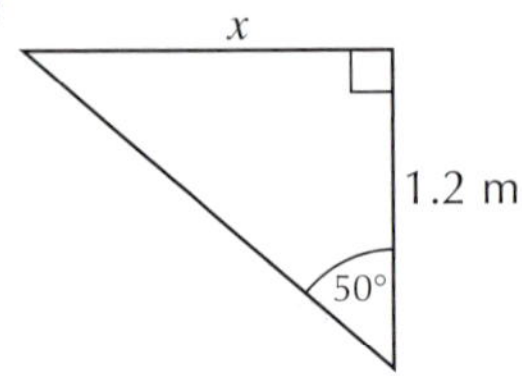

c

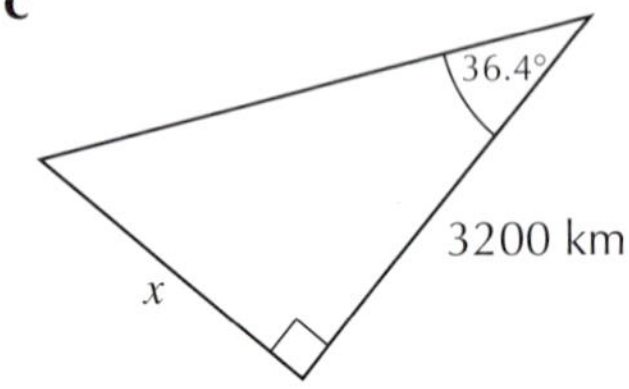

6 In the triangle ABC, A = 90°, AB = 20 mm and AC = 54 mm.
Find angle B. Give your answer correct to 1 decimal place.

7 In the triangle PQR, Q = 90° and PQ = 1.7 m.
Find the length of RQ. Give your answer correct to 3 significant figures.

Practice

10C Trigonometry - The sine and cosine of an angle

1 Find the values of these sines and cosines, giving your answers correct to 3 decimal places.

a sin16° **b** cos74° **c** sin13.4°
d cos90° **e** sin90° **f** cos0°
g sin0° **h** cos2°

2 Find angle θ, giving your answers correct to 1 decimal place.

a $\sin\theta = 0.63$ **b** $\cos\theta = 0.1$ **c** $\sin\theta = 0.903$
d $\cos\theta = 0.07$ **e** $\sin\theta = 0.707$ **f** $\cos\theta = 0.707$

3 Calculate the following, giving your answers correct to 3 significant figures.

a 4sin28° **b** 27.4cos8° **c** 4sin67.4°
d 500cos0° **e** 0.22sin0.7° **f** 5256cos88.3°
g 3sin0° **h** 1.414cos45°

4 Find angle θ, giving your answers correct to 1 decimal place.

a

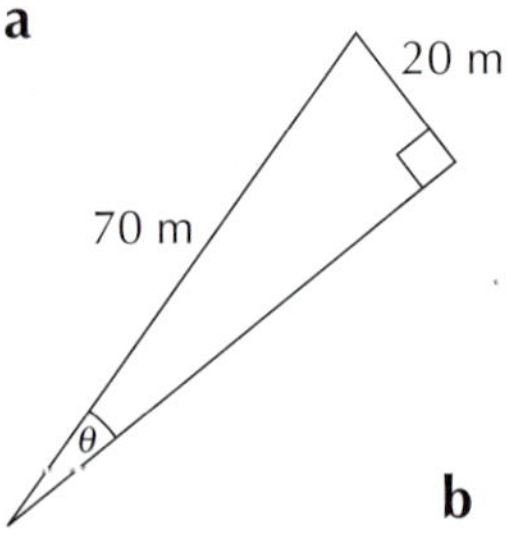

b

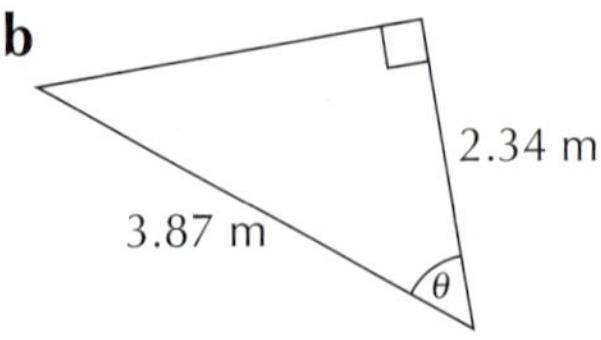

c

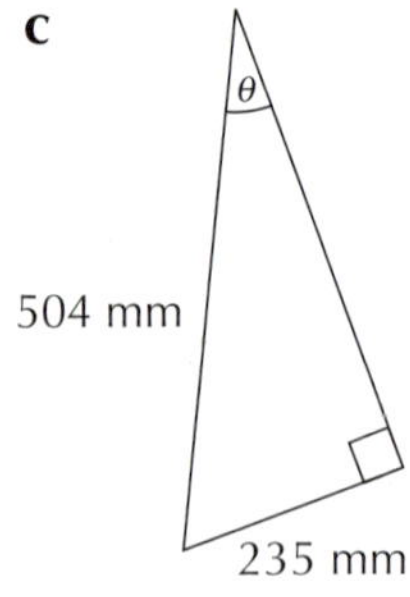

d

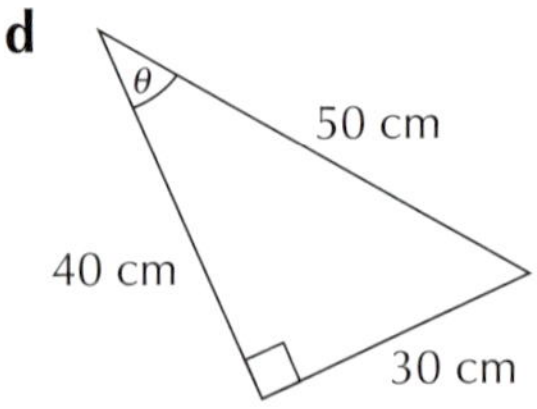

5 Calculate x correct to 3 significant figures.

a

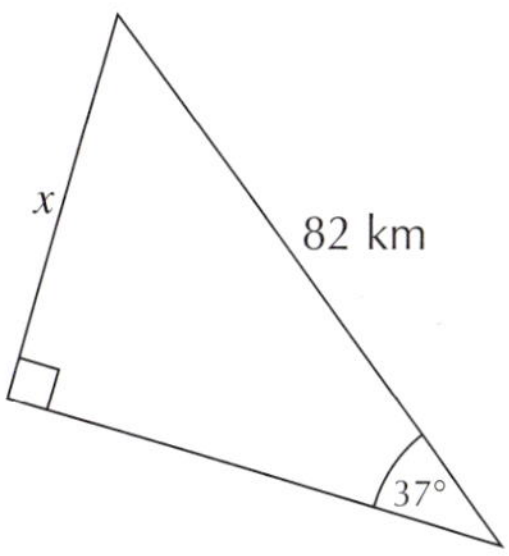

b

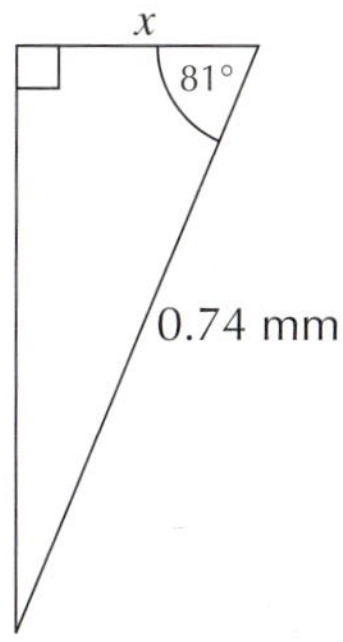

c

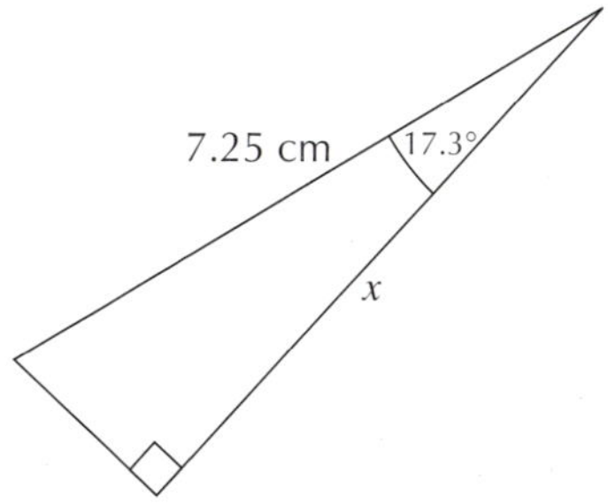

d

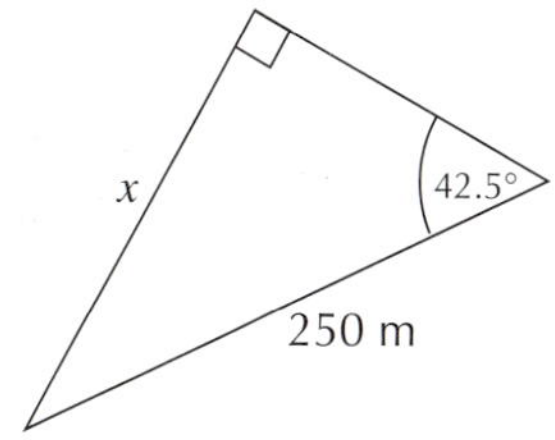

6 In the triangle ABC, A = 90°, AC = 9 cm and BC = 24 cm.
Find angle C. Give your answer correct to 1 decimal place.

7 In the triangle PQR, P = 90°, Q = 68° and QR = 42 mm.
Find the length of PR. Give your answer correct to 3 significant figures.

Practice

10D Solving problems using trigonometry

1 A train travelled 2 km along a straight track and climbed 300 m vertically.
Calculate the angle the track makes with the horizontal.

2 The diagram shows an abseiler.
Calculate the length of the rope.

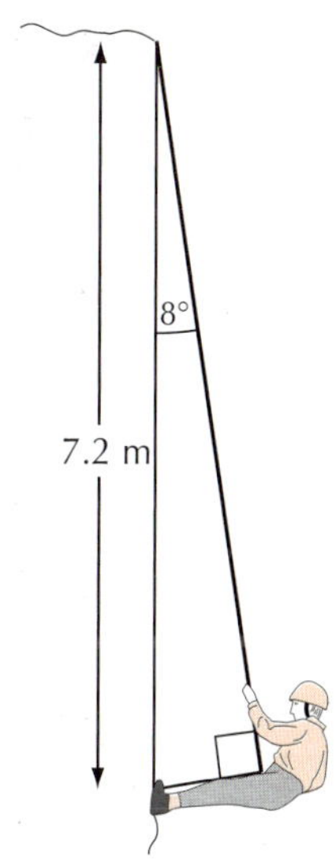

3 A rambler walked 6 km from Pawdle to Sneep on a bearing of 023°.
How far east is Sneep from Pawdle?

4 A dinghy is 1200 m from a ship, 750 m south of it. Calculate the two possible bearings of the dinghy from the ship.

5 Sanchez drew the line AB on a computer using a graphing program.

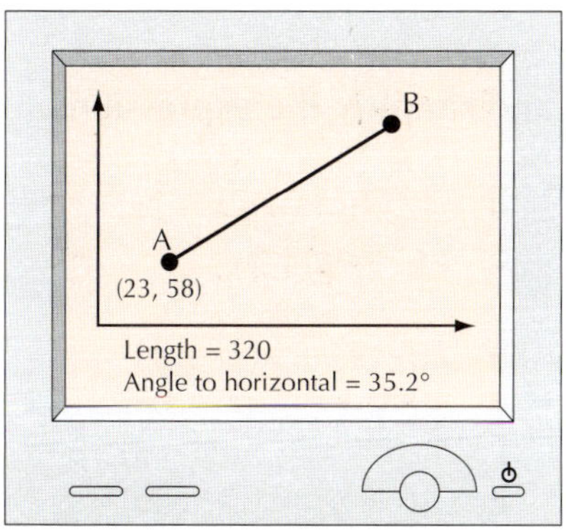

The program shows the length and angle of the line.
Calculate the coordinates of point B.

6 A model aeroplane is attached to the top of a 3 m pole by a 2 m string and flies in a circle 1.6 m above the ground.

a Calculate the angle the string makes with the pole.
b Calculate the distance between the aeroplane and the pole.

7 An equilateral triangle has a side of 12 cm. Use trigonometry to calculate the shortest distance from a vertex to its opposite side.

5 The diagram shows an octagon.

The distance between opposite corners is 20 mm.
Calculate the distance between opposite sides.

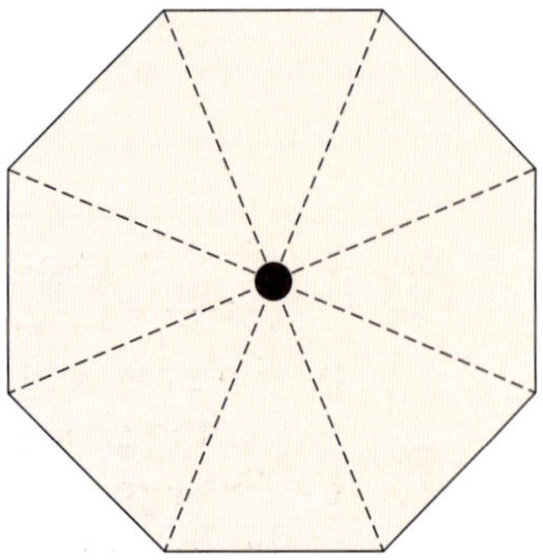

CHAPTER 11 Algebra 5

Practice 11A Expansion

For Questions 1–3, expand the expressions.

1 **a** $5(d + 2)$ **b** $7(2p - 1)$ **c** $4(3 + m)$
d $10(5 - 3i)$ **e** $-(3a - 2)$ **f** $4(-2H + 6)$
g $-2(2w + 3)$ **h** $-6(5 - 6x)$

2 **a** $c(c + 7)$ **b** $m(5 - m)$ **c** $t(3t - 1)$
d $u(4 - 5u)$ **e** $d(e + f)$ **f** $-w(w - k)$
g $a(2a + b)$ **h** $h(3i - 4h)$

3 **a** $2m(m + 1)$ **b** $3u(4 - u)$ **c** $5p(2p + 3)$
d $-3x(5 - 2x)$ **e** $4i(j + 3i)$ **f** $3d(2e + 3f)$

For Questions 4 and 5, expand and simplify the expressions.

4 **a** $4(x + 5) - 2x$ **b** $5(2y + 1) + 2y - 3$ **c** $-3(t + 4) + 7t$
d $10 - 5(x - 1)$ **e** $9g - 2(g + 3)$ **f** $p - 4(2 - p)$

5 **a** $4(x + 3) + 2(x - 2)$ **b** $2(i - 1) + 3(2i + 1)$
c $5(2n - 3) + 3(4n + 1)$ **d** $4(r + 2) - 2(r - 3)$
e $3(2k + 3) - 2(k + 4)$ **f** $4(3j - 4) - 5(2j - 3)$
g $2(3 - 2f) + 5(4 + 3f)$ **h** $3(6 + u) - 4(3 - 5u)$

6 Make a sketch of this flag.

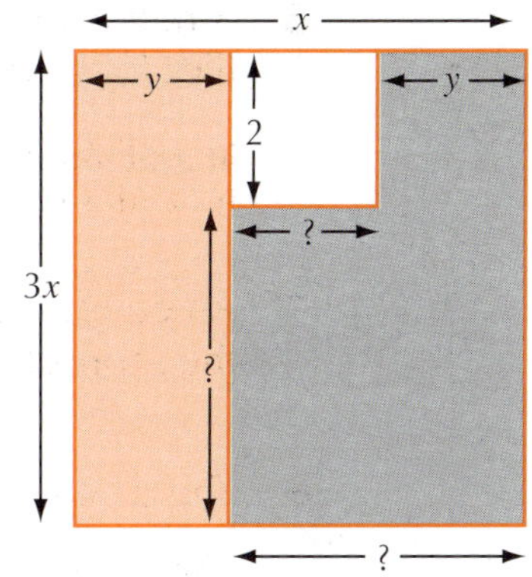

a Find an expression for the missing lengths and mark them on your diagram.
b Find expressions for:
i the orange area
ii the white area.

7 **a** Find an expression for the missing length.
b Find two different expressions for the shaded area.
c Show that your expressions are equivalent.

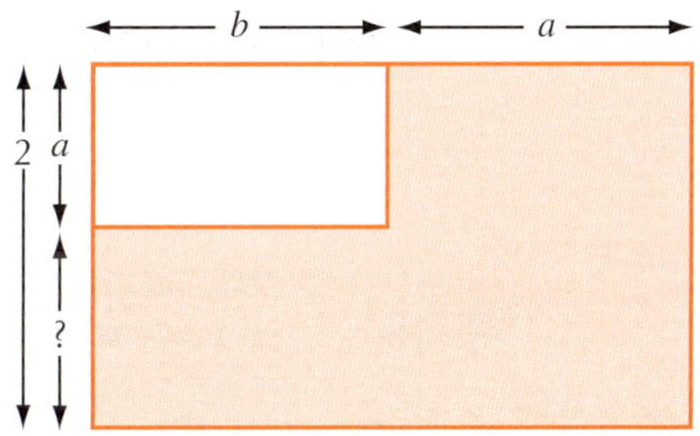

Practice

11B Factorisation

For Questions 1–4, factorise the expressions.

1 **a** $5m + 20$ **b** $12x - 18$ **c** $30 + 8k$ **d** $14 - 21h$

2 **a** $3m - 3n$ **b** $16p + 8q$ **c** $27a - 18b$ **d** $-20f - 10g$

3 **a** $ab + 2a$ **b** $mn - m$ **c** $2st + 5s$ **d** $de + df$
e $4ij + 4i$ **f** $9r - 6rw$ **g** $15pq + 20pr$ **h** $6hu + 12iu$

4 **a** $d^2 + 3d$ **b** $4t - t^2$ **c** $9y^2 - 9y$
d $8i + 6i^2$ **e** $p^2 - p$ **f** $2d + 3d^2$
g $10n - 25n^2$ **h** $-7m^2 - 14m$

5 The tens digit of the number 63 is twice the units digit. 63 is divisible by 21.
a Find more two-digit numbers with this property.
b Find an expression for any two-digit number where the tens digit is twice the units digit.
c Simplify your expression to show that such numbers are always divisible by 21.

Practice

11C Quadratic expansion

Expand and simplify these expressions.

1 **a** $(x + 3)(x + 1)$ **b** $(x + 9)(x + 2)$ **c** $(x + 5)(x + 4)$
d $(x - 3)(x - 5)$ **e** $(x - 1)(x - 10)$ **f** $(x + 5)(x - 2)$
g $(x - 7)(x + 4)$ **h** $(x - 6)(x - 4)$ **i** $(x + 4)^2$
j $(x - 7)^2$ **k** $(x - 8)(x + 8)$

2 **a** $(m + n)(a + b)$ **b** $(2 + t)(v + w)$ **c** $(m + n)^2$
d $(s + t)(s - t)$ **e** $(d - e)^2$

3 **a** $(2x + 3)(x + 1)$ **b** $(x + 5)(3x + 2)$ **c** $(4x + 5)(2x + 3)$
d $(5x + 1)^2$ **e** $(4x - 1)(x - 3)$ **f** $(2x + 5)(x - 6)$
g $(3x - 2)(2x + 3)$ **h** $(4x - 3)^2$

Practice

11D Quadratic factorisation

1 Copy and complete each factorisation.

a $x^2 + 12x + 32 = (x + 4)(\quad)$
b $x^2 + 10x + 21 = (x + 3)(\quad)$
c $x^2 + 10x + 9 = (x + 9)(\quad)$
d $x^2 + 8x + 12 = (\quad)(x + 6)$
e $x^2 - 8x + 15 = (x - 5)(\quad)$
f $x^2 - 8x + 7 = (\quad)(x - 1)$
g $x^2 - 8x - 33 = (x + 3)(\quad)$
h $x^2 - 3x - 10 = (\quad)(x - 5)$
i $x^2 - 7x + 6 = (x - 6)(\quad)$

2 Factorise these quadratic expressions.

a $x^2 + 12x + 35$ **b** $x^2 + 7x + 6$ **c** $x^2 + 14x + 49$
d $x^2 - 10x + 21$ **e** $x^2 - 7x + 10$ **f** $x^2 + 8x - 9$
g $x^2 + 2x - 35$ **h** $x^2 - 10x - 11$ **i** $x^2 - 10x + 16$
j $x^2 - x - 12$ **k** $x^2 - 10x + 25$ **l** $x^2 - 49$

Practice

11E Change of subject

1 **a** Make m the subject of the formula $L = m + n$.
b Make h the subject of the formula $A = bh$
c Make d the subject of the formula $v = \frac{d}{t}$
d Make R the subject of the formula $D = x - R$

2 Boxes contain 6 eggs. A crate contains m boxes of eggs. The number of eggs, N, contained in n crates is given by the formula $N = 6mn$. Make m the subject of the formula.

3 The time, T minutes, to roast a joint of meat weighing W grams is given by the formula: $T = 20 + \frac{W}{25}$.

a Calculate the time needed to roast a joint of meat weighing 800 g.
b Make W the subject of the formula.
c Calculate the weight of a joint that needs 1 hour 20 minutes of roasting time.

4 The total number of legs, L, in a classroom is given by the formula:

$L = 4c + 2p$

where c is the number of chairs and tables and p is the number of people.

a Make p the subject of the formula.
b Use your formula to calculate the number of people in a classroom containing 16 chairs and 6 tables given that there are 112 legs altogether.

5 **a** Write a formula to give the area, A, of the shape.
b Make a the subject of the formula.
c Calculate a when $b = 8$ cm and the area is 135 cm^2.

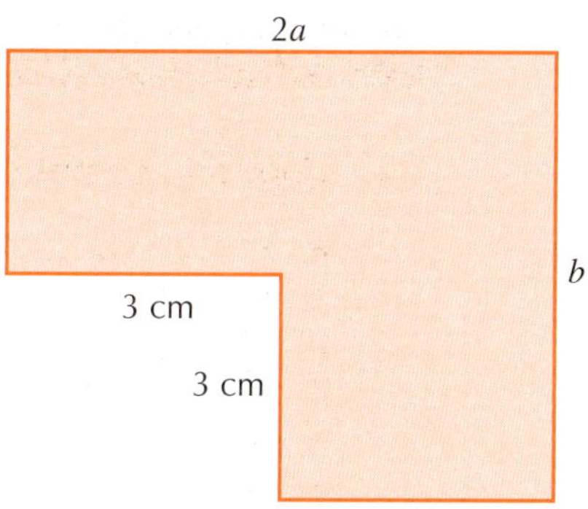

6 An elastic string of natural length l metres is stretched by an amount x metres. The energy, E units, contained in the string is given by the formula:

$$E = \frac{2x^2}{l}$$

a Calculate the energy contained in a string of natural length 200 cm when it is stretched 20 cm.
b An elastic string has been stretched 30 cm and contains 5 units of energy. Calculate its natural length.
c An elastic string of natural length 40 cm contains 2 units of energy.
How far has it been stretched?

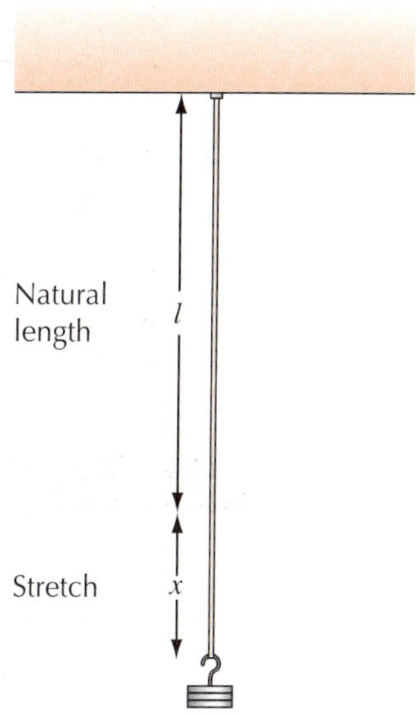

7 Rearrange the equations of the following straight lines to make y the subject.

a $y - 3x - 5 = 0$	**b** $y + x + 2 = 0$	**c** $y - 0.5x - 3 = 0$
d $2x = y + 1$	**e** $\frac{x}{4} + y = 2$	**f** $y - x + 6 = 0$

8 **i** Copy and complete the table of values for each straight-line graph.
ii Draw each of the graphs.

a $y - 4x + 4 = 0$

x	−3	−2	−1	0	1	2	3
y							

b $y + 3x - 6 = 0$

x	−1	0	1	2	3	4	5
y							

9 Draw the graphs of these straight lines for the given range of values of x.

a $y + 4x + 8 = 0$ for $x = -2$ to $x = 5$
b $y - 2x - 5 = 0$ for $x = -4$ to 2

10 **a** Copy these axes.

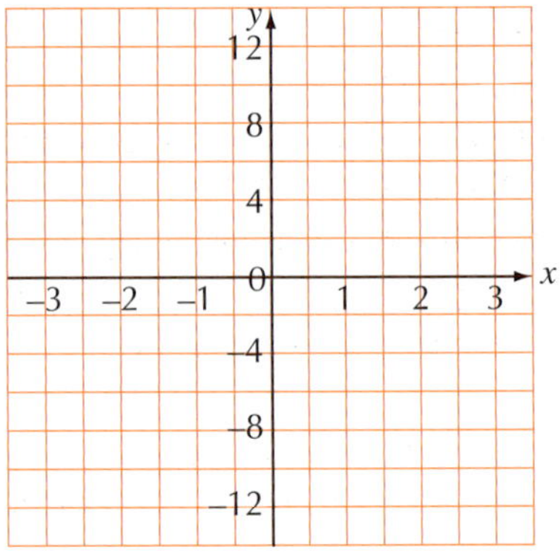

b Copy and complete the table of values for each of these straight-line graphs.

$y - 2x + 2 = 0$
$2y - 4x - 8 = 0$
$3y - 6x - 9 = 0$
$5y - 10x + 25 = 0$

x	−3	−2	−1	0	1	2	3
y							

c Draw all of the graphs on the *same* axes.
d What do you notice about the graphs?
e What do the equations have in common to make this happen?

CHAPTER

12 Solving Problems and Revision

Practice

12A Number 1 - Fractions, percentages and decimals

Do not use a calculator for the first five questions. Show your working.

1 These three paint tins are identical. The fractions show how much paint each tin contains.

a Moira pours the paint from the first two tins into the mixing tin. What fraction of the mixing tin is filled with paint?
b She fills $\frac{3}{8}$ of the white tin with the paint mixture. What fraction of the mixing tin is now filled with paint?
c A full tin has a capacity of 600 ml. How much paint is now in the white tin?
d Altogether, Moira has $2\frac{3}{4}$ tins of white paint and $1\frac{5}{6}$ tins of orange paint. How many tinfuls of paint does she have altogether?

2 The diameter of Mercury is 38% of the diameter of Earth. The diameter of the Earth is 12 756 km.

a Round 38% and 12 756 km to 1 significant figure.
b Use your approximations to estimate the diameter of Mercury.

3 The diagram shows the usual height of a river.

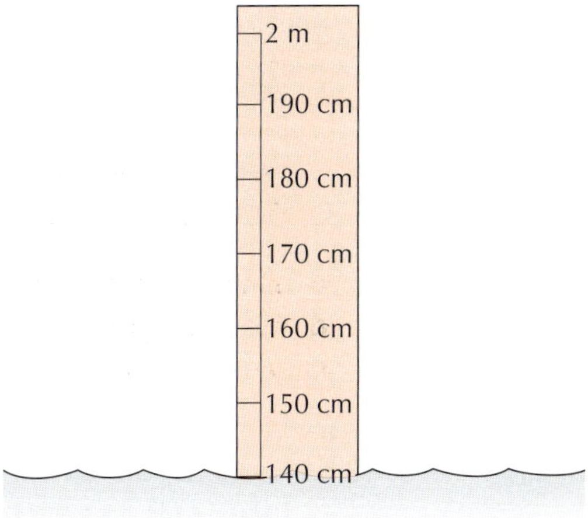

a The height of the river increased by 35% during a flood. What was the new height?
b During a drought, the height of the river decreased by 7%, compared to its usual height. Which of these calculations gives the new height?

140×0.07 140×1.07
140×0.93 140×0.97
140×0.3

4 Estimate answers to these.

a 0.38×63 **b** $17.8 \div 0.029$ **c** $\dfrac{41.7}{0.12 \times 7.9}$

5 Given that n is an odd number, state whether these calculations give an odd or even answer, or whether it is impossible to tell.

a $2n + 1$ **b** $(n + 1)^2$ **c** $(n + 1)(n + 2)$ **d** $\dfrac{(2n + 1)(n + 2)}{2}$

You may use a calculator for questions 6–10.

6 450 spectators attended an annual cricket club match. Of these, 75 were women and 32% were club members.

a How many club members attended?
b What percentage of the spectators were women? Round your answer to the nearest whole number.

7 **a** **i** How much VAT at 17.5% is paid on the MP3 player?
ii What is the total cost of the MP3 player?
b What is the cost of the headphones, after the discount?

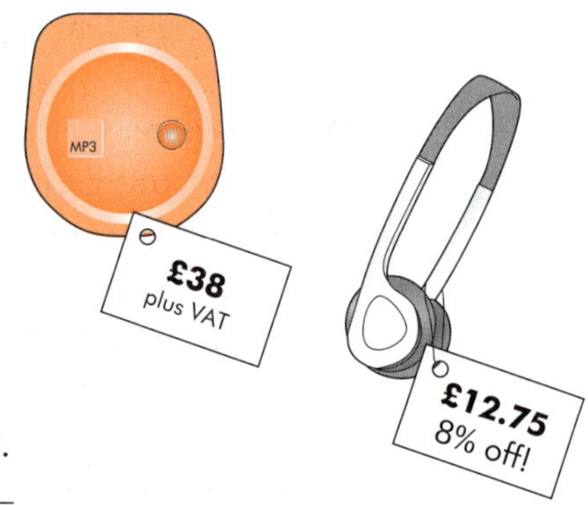

8 This table shows the value of Tim's shares.

Share	Number of shares	Total value of shares
FirstBank	400	£3300
Pinwheel	50	£853
PowerCo	2000	£3720

a Which is the cheapest share?
b Pinwheel shares increased in value by $2\frac{1}{4}$%.
What is the total value of Tim's Pinwheel shares?
c PowerCo shares decreased in value by 8.2%.
What is the value of a single PowerCo share?

9 In 2003, Leonard paid £2356 for a machine for his business. Each year, the value of the machine decreases by 22%.

a What is the value of the machine after 3 years?
b Leonard will sell the machine in the year in which its value becomes less than £500. In which year will he sell the machine?

10 The volume of plastic needed to make a ball of radius r cm and thickness d cm is given by the formula

$$V = \frac{4\pi}{3}[r^3 - (r - d)^3]$$

Calculate the volume of plastic needed to make a ball of radius 9 cm and thickness 0.1 cm. Give your answer correct to 3 significant figures.

Practice

12B Number 2 - The four rules, ratios and directed numbers

Do not use a calculator for the first four questions. Show your working.

1 **a** Calculate

i 5^4 **ii** $\frac{1}{10^5}$ **iii** $\frac{2^3}{2^2 - 2}$

iv $(-3)^3$ **v** $9 - 6 \div (-2)$ **vi** $(-5 + 8)(-2 - 6)$

b Insert brackets to make each equation true.

i $24 \div 4 + 4 - 2 = 1$ **ii** $3 \times 4 + 2 \times 5 - 3 = 39$

2 Terri is making cheesecakes. Each cheesecake has a pastry shell with filling.

Pastry recipe	
Flour : Butter	= 5 : 2

Filling recipe (Makes 2 cheesecakes)	
Soft cheese	200 g
Sugar	75 g
2 eggs	
Soured cream	125 ml

a Terri made a batch of pastry weighing 980 g. How much flour did she use?

b She used 0.5 kg of butter to make another batch of pastry. How much pastry did she make altogether?

c Each cheesecake needs 370 g of pastry. How many cheesecakes could she make?

d How much of each ingredient did she need to make all of the fillings.

3 Calculate the following.

a 32×0.7 **b** $18 \div 0.2$ **c** 0.3×0.02

4 **a** Write 4^{-2} as a fraction.

b Write $\frac{1}{10}$ as a power.

c Which is the bigger number?

i 4×10^3 or 9×10^2

ii 3×10^{-2} or 2×10^{-1}

d Write these numbers using standard form.

i 980 000 **ii** 0.003

iii 54×10^8 **iv** 0.012×10^{-2}

You may use a calculator for questions 5–10.

5 Which perfume is cheaper?

6 The table shows details of some lorry journeys.

Journey	Distance travelled	Time taken	Average speed
Marston to Surfley	80 miles	$1\frac{1}{2}$ hours	
Deechurch to Creek	40 km		25 km/h
Penwood to Scotbridge		12 minutes	40 mph

Copy and complete the table.

7 **a** Tamsin converted £200 to Euros to buy some wine.
How many Euros did she receive?

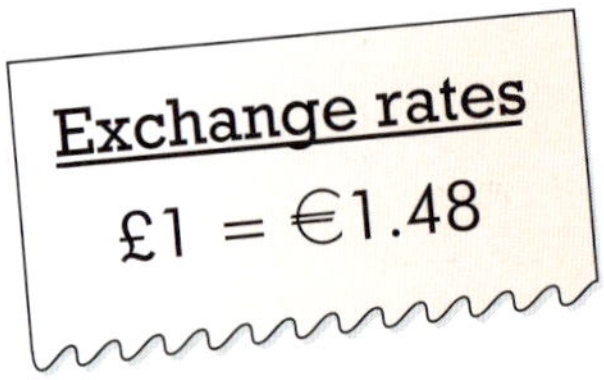

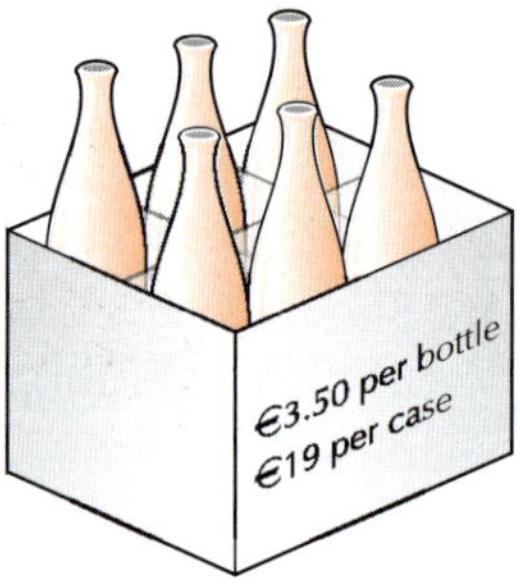

b She bought as many bottles of wine as possible.
How much wine did she buy?

c **i** How much money did she have left over?
ii Convert your answer to British pounds.

8 Mr Marshall has two children: Daniel aged 9 and Kate aged 12. He divided £735 between them in the ratio of their ages. The children bought a computer between them for £420. Kate paid twice as much as Daniel. What is the ratio of the money the children are left with?

9 In 1993, the USA produced 1.1×10^{10} kg of sewage and the Netherlands produced 3.2×10^{8} kg of sewage.

a How many times more sewage did the USA produce compared to the Netherlands?

b In 1994, USA sewage increased by 3.2%. Calculate the sewage produced by the USA in 1994. Give your answer to 3 significant figures.

10 The mass of a muon particle is 1.9×10^{-28} kg. A muon is equivalent in mass to 208 electrons. What is the mass of an electron?

Practice

12C Algebra 1 - Rules of algebra and solving equations

Do not use a calculator. Show your working.

1 **a** Copy and complete this sequence of calculations.

$3^2 - 1^2 =$
$4^2 - 2^2 =$
$5^2 - 3^2 =$
$6^2 - 4^2 =$

b Describe the sequence of answers to your calculations.

c Describe a rule to find the answer without squaring the numbers.

d Use your rule to find the answer to $15^2 - 13^2$.

2 Solve these equations.

a $5d = -30$ **b** $\frac{p}{3} = 7$ **c** $4s - 3 = 17$

d $9x = 7x + 12$ **e** $4m - 2 = m + 10$

3

FOR HIRE

£3 per day

£16 per week

a Write down a formula for calculating the cost of hiring the cement mixer for w weeks and d days.

b Use your formula to calculate the cost, £C, of hiring the cement mixer for:

i 3 weeks and 2 days **ii** 90 days.

c Martin pays £108 to hire the cement mixer for w weeks and 4 days.

i Write down an equation. **ii** Solve your equation to find w.

4 **a** Given that $a = 2$ and $b = -3$, evaluate these expressions.

i $5a + b$ **ii** b^2 **iii** $3(a - b)$ **iv** $\frac{72}{2b^2}$ **v** $b(b^3 - a^3)$

b Expand and simplify these expressions.

i $2(x + 4)$

ii $5(p - 1) - 3p$

iii $12(t + 1) + 3(t + 2)$

iv $5(m + 2) - 3(m - 1)$

v $3(2c - d) + 3(c + 5d)$

c Factorise these expressions.

i $16d + 10$ **ii** $t^2 - t$ **iii** $9f - 4fg$

iv $12ab + 8a$ **v** $8y^2 + 10y$

5 The diagram shows a betting game. To play the game costs x pence.
A counter is tossed on to the board. The winnings are shown on the board.

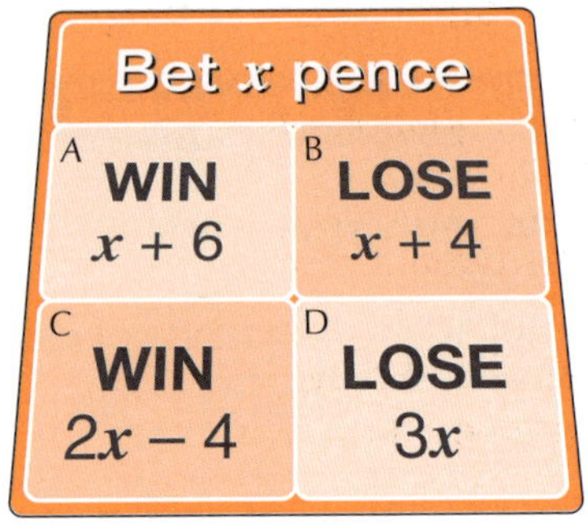

a Paddy flips a counter on to area A five times in a row. Write an expression to show how much he won altogether. Simplify your expression.

b He then flips a counter on to area B twice, C once and D once. Write an expression to show his total winnings. Simplify your expression.

c Paddy won 32p altogether. Write an equation involving x. Solve your equation to find the amount it costs to play the game.

d Do you think the game is fair? Justify your answer using algebra.

6 Simplify these expressions.

a $w \times w^3 \times w^2$ **b** $5y^4 \times 2y$ **c** $\frac{d^6}{d^4}$ **d** $\frac{20s^7}{4s^3}$

7 **a** Write down the nth term of the sequence 5, 9, 13, 17, 21 ...

b Another sequence has the nth term $T(n) = \frac{n - 1}{n + 1}$.

i Calculate the first ten terms of the sequence.
ii Calculate the 1000th term, correct to 3 decimal places.
iii State the limit of the sequence.

c **i** Calculate the first eight terms of this sequence. Work correct to 3 decimal places.

first term 1
term-to-term rule divide by 8, then add 10

ii State the limit of the sequence, correct to 2 decimal places.

8 Expand and simplify these expressions.

a $(x + 3)(x + 10)$ **b** $(x - 4)(x - 8)$
c $(x - 9)^2$ **d** $(3x + 1)(2x - 1)$

9 Factorise these quadratic expressions.

a $x^2 + 10x + 21$ **b** $x^2 - 11x + 18$ **c** $x^2 - 6x - 55$

10 Solve these equations

a $2 - x = 14 + 3x$ **b** $\frac{t}{t - 4} = 3$ **c** $\frac{5}{2x + 3} = \frac{2}{x - 1}$

Do not use a calculator. Show your working.

1 **a** Write down the equation of line **i** A **ii** B **iii** C.

b Write down the equation of the x-axis.

c **i** Copy the grid and draw the line with equation $y = 2x - 2$.

ii Draw the line with equation $y = -x + 4$.

iii Where do the lines $y = 2x - 2$ and $y = -x + 4$ intersect?

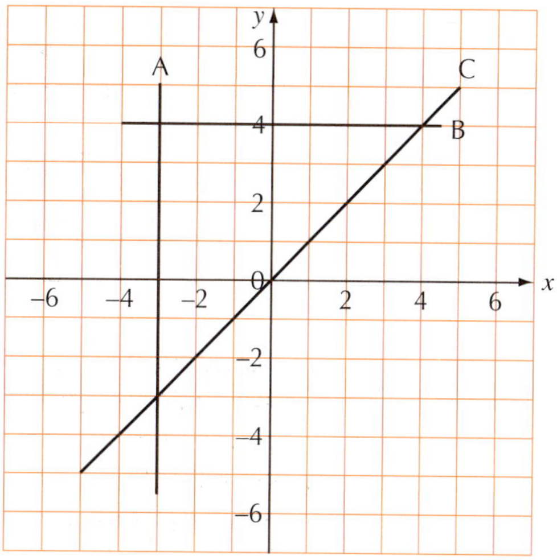

2

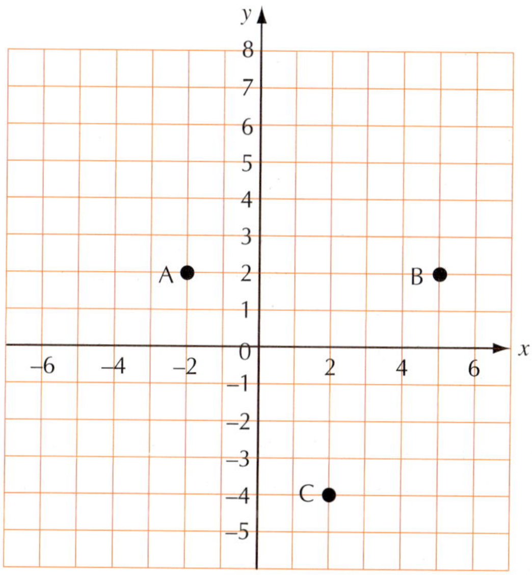

a **i** Copy the diagram.

ii Add point D to the diagram so that ABCD is a parallelogram.

iii Write down the coordinates of D.

b Which vertices of the parallelogram lie on each of these lines?

i $x = -4$

ii $y = -x$

iii $y = x + 2$

c **i** Write down the gradient of line AD.

ii Extend AD to intersect the y-axis. Write down the y-intercept.

iii Write down the equation of line AD in the form $y = mx + c$.

3 The normal depth of a pool is 1 metre. The graph shows the depth of water in an outdoor swimming pool at the end of each of the first 11 days of June.

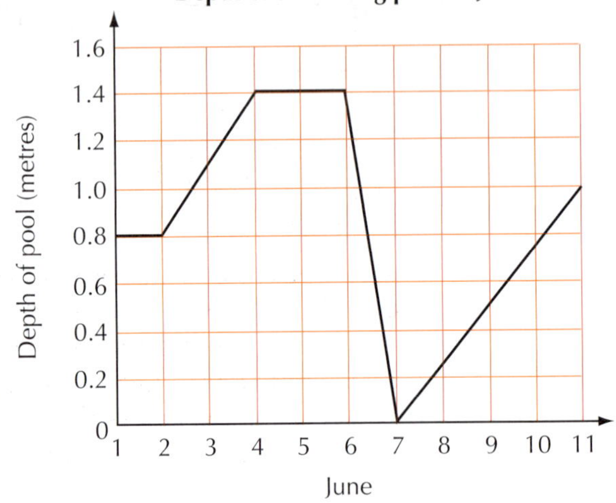

a On which day was the pool emptied?

b It rained on two consecutive days. When did it rain?

c **i** How long did it take to refill the pool to the normal depth?

ii By how much did the depth increase per day?

d When was the rate of change in the depth of the pool the greatest? Give a reason for your answer.

4 The chart shows the graphs of legal gun ownership and crimes involving firearms from 1979 to 1992.

Legal gun ownership and robberies involving firearms
Source: http://members.aol.com/gunbancon/gifs/robbery.gif

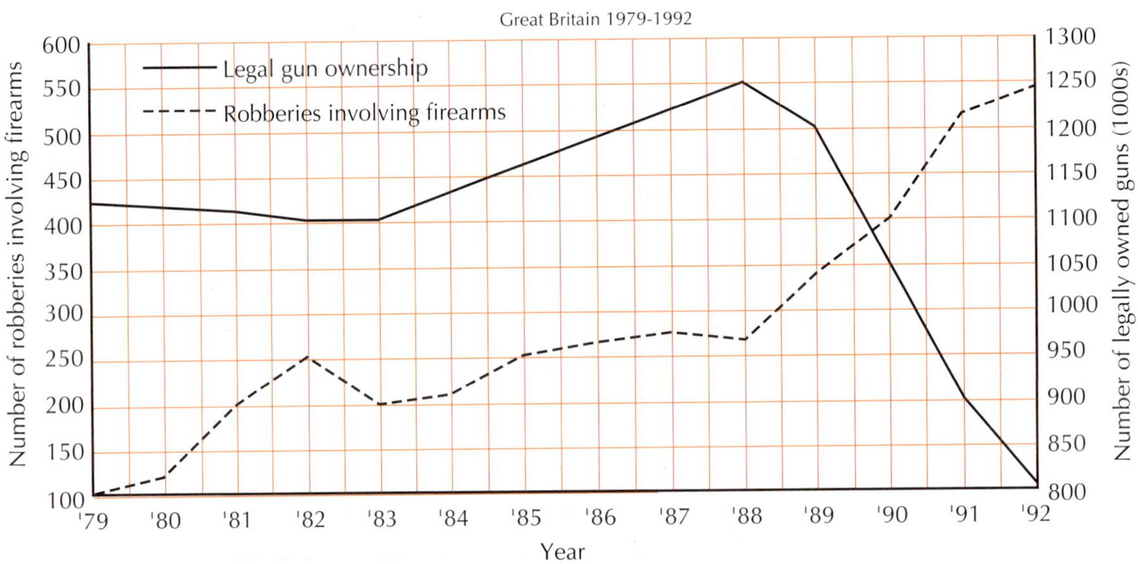

a What is the difference in legal gun ownership between 1983 and 1988?

b When was the fastest increase in crimes involving firearms? Explain your answer.

c Is this a valid conclusion?

'During the period 1983 to 1988, legal gun ownership increased and so did crimes involving firearms. This shows that legal gun ownership leads to an increase in gun crime.'

Give evidence to support your answer.

5 Here are the equations of eight graphs.

A	$x = 4$	B	$y = 4x - 4$	C	$y = \frac{1}{4x}$
D	$y = -4$	E	$y = 4x$	F	$y = -4x$
G	$y = -\frac{1}{4x} + 4$	H	$y = 4$		

a Which pairs of graphs are parallel?
b Which pairs of graphs are perpendicular?
c Which graphs pass through the origin?
d Which graphs have a y-intercept of 4?
e Which graphs cross the x-axis at 1?
f Which graphs pass through the point (1, –4)?

6 **a** Show that the equation of line A is $5x + y = 10$.
b Find the equation of line B.

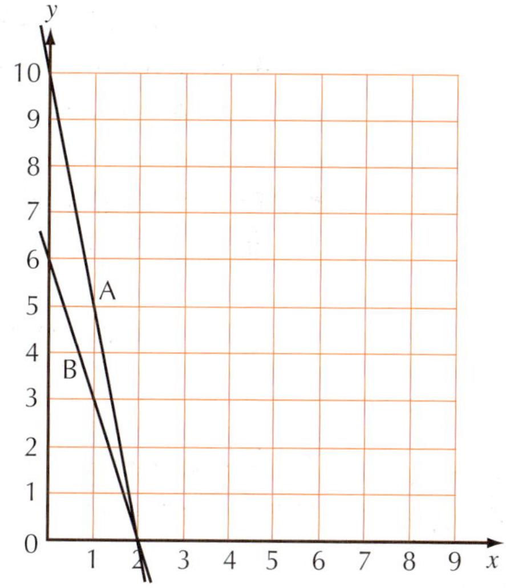

7 **a** Draw a grid using these axes.

x-axis from –2 to 2, 2 cm to 1 unit
y-axis from –10 to 10, 1 cm to 2 units

b Copy and complete this table. Then plot the graph of $y = x^2 - 2x - 4$.

x	–2	–1	0	1	2
x^2	4				
$-2x$	4				
–4	–4				
$y = x^2 - 2x - 4$	4				

c Copy and complete this table. On the same axes used for part **b**, plot the graph of $y = x^3 - 1$.

x	–2	–1	0	1	2
x^3	–8				
–1	–1				
$y = x^3 - 1$	–9				

d Write down the coordinates of the point of intersection.

12E Shape, space and measures

You may use a calculator. Show your working.

1

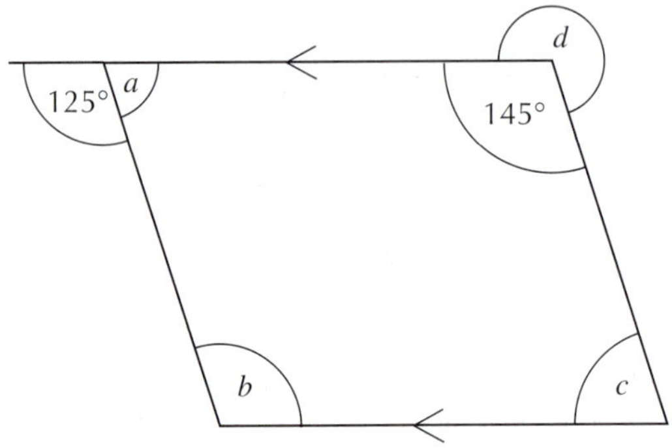

a Which of the marked angles are
  i obtuse **ii** reflex **iii** acute?

b Calculate the marked angles.

2 The diagram shows a chocolate bar in the shape of a prism.
The cross-section is a trapezium.

a Calculate the area of the cross-section.

b Calculate the volume of the prism.

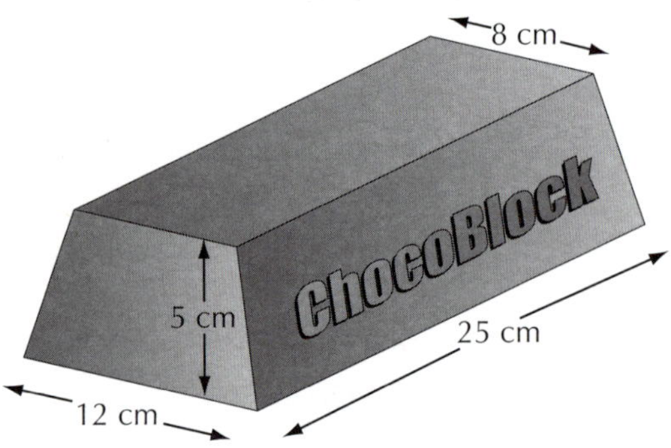

3 **a** Construct this triangle accurately.

b Measure the side AC.

c What type of triangle is this?

d Construct the perpendicular bisector of angle ACB.

e **i** Measure the height of the triangle.

  ii Calculate the area of triangle ABC.

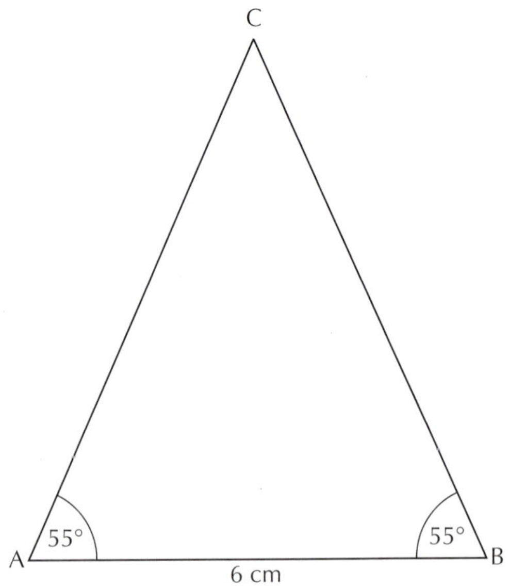

4 This diagram shows two regular hexagons.

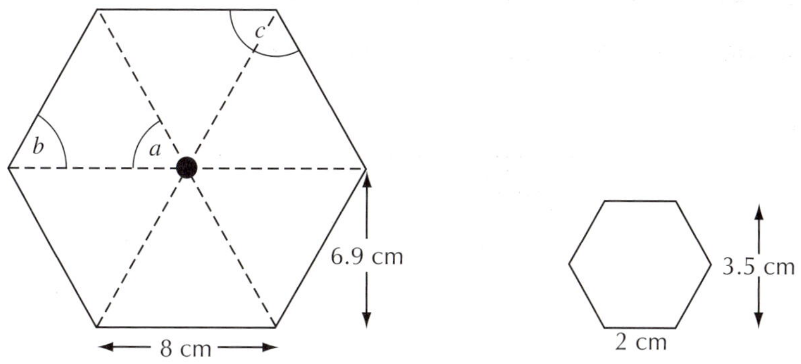

a Calculate the marked angles.
b Calculate the area of one of the small triangles.
c Calculate the area of the large hexagon.
d Calculate the area of the small hexagon.
e Do regular hexagons tessellate? Illustrate your answer with a diagram.

5 This diagram shows a brick and a patio made using such bricks.

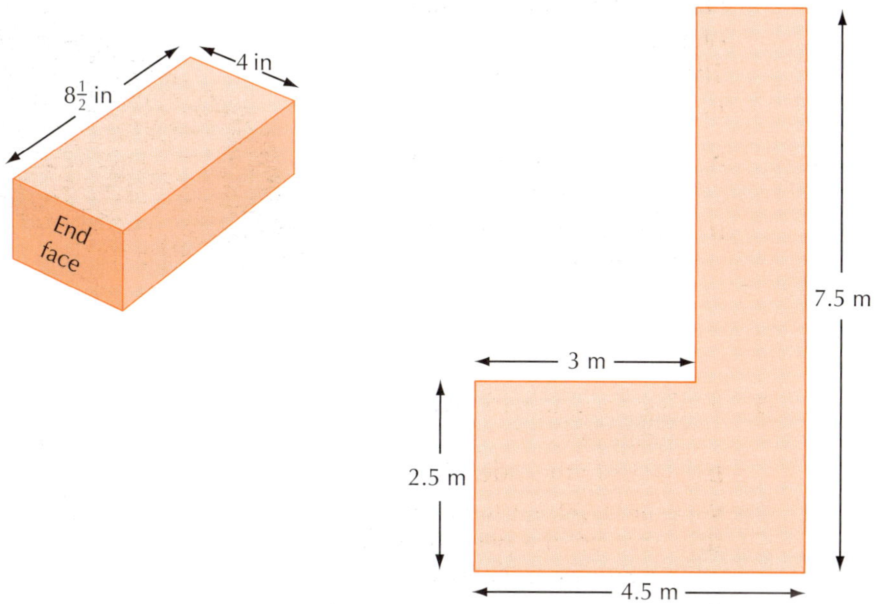

a Given that 1 in ≈ 25 mm, calculate the area of the top of the brick, in cm^2.
b The area of the end face of the brick is 95 cm^2.
Calculate the height of the brick in millimetres.
c Calculate the volume of the brick.
d Calculate the area of the patio.
e Estimate the number of bricks needed to cover the patio area.

6 **a** Describe the transformation that maps shape P on to shape Q.

b Copy the diagram, without shape Q. Extend the x- and y-axes to +12 and –12.

c Reflect shape P in the x-axis. Label the image R.

d Enlarge shape P using centre X and a scale factor of 3. Label the image S.

e Rotate shape P 90° clockwise about the centre (–4, 3). Label the image T.

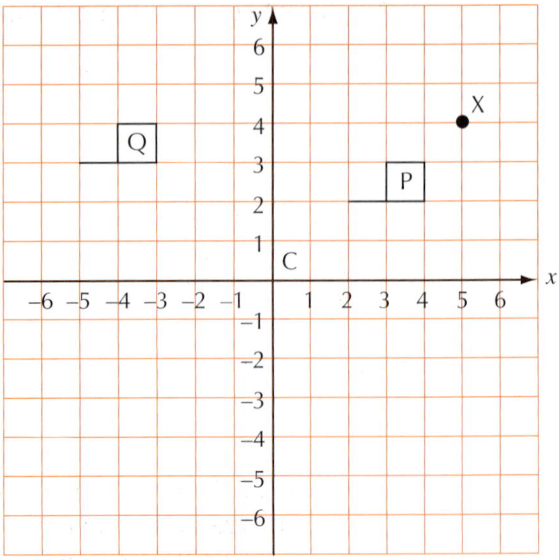

7 **a** Calculate the length, d, of rope connecting the sailboarder to the kite.

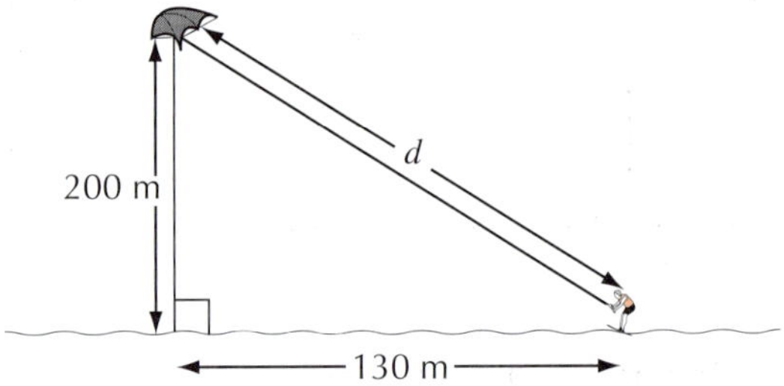

b Calculate the width, x, of the cellar opening.

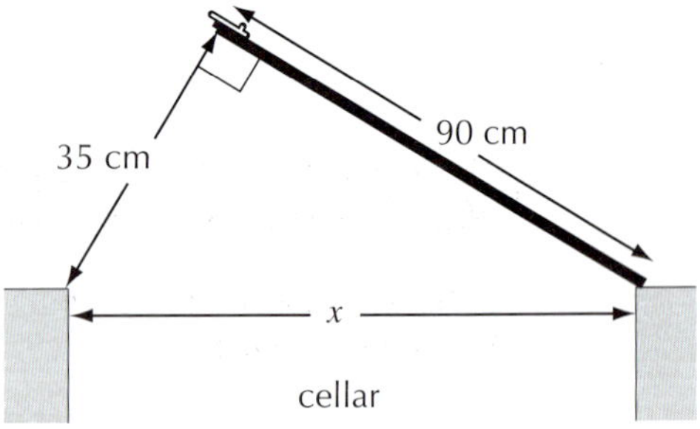

8 Calculate the area and perimeter of this sector of a circle.

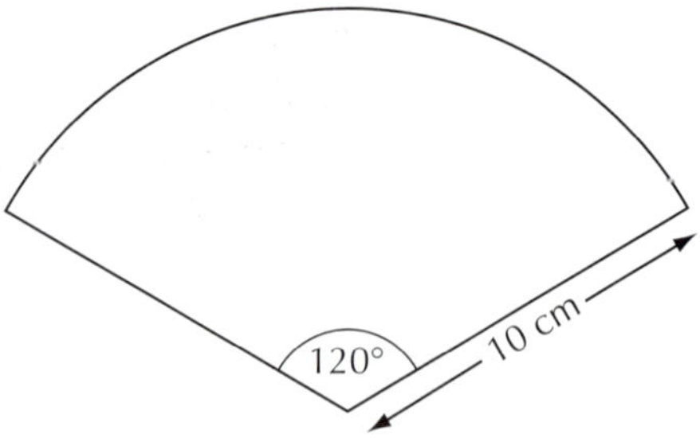

9 These two candles are similar.

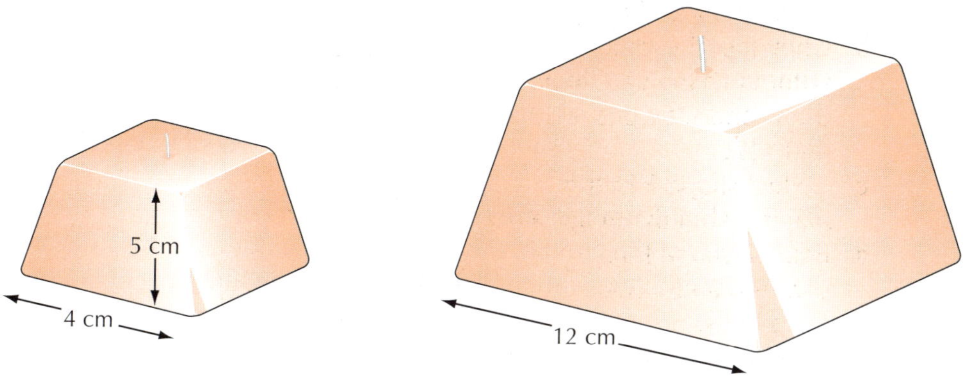

a Calculate the height of the large candle.
b The area of the top of the small candle is 7 cm^2.
Calculate the area of the top of the large candle.
c The volume of the small candle is 56 cm^3.
Calculate the volume of the large candle.

10

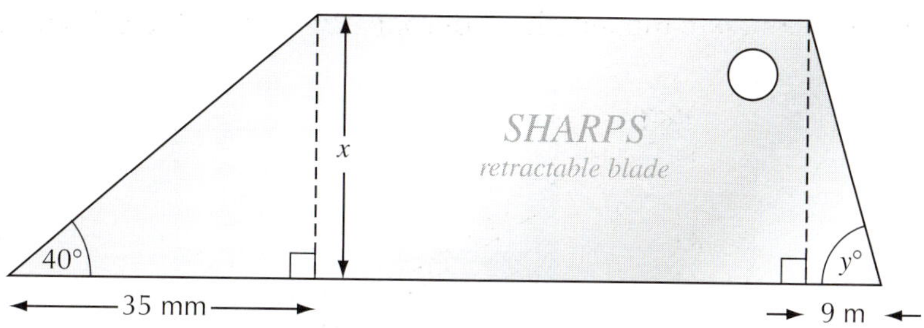

a Calculate the height, x, of the blade.
b Calculate the angle, $y°$, of the handle.

Practice

12F Statistical techniques

You may use a calculator.
Show your working.

1 A fruit machine has three wheels.
Each wheel has 25 symbols.
The table shows the number of each symbol on the first wheel.

Symbols on wheel 1	
Apple	7
Cherry	2
Banana	4
Pear	5
Bell	1
Orange	6

a For each pull of the handle, what is the probability that the first wheel will land on
i a cherry? **ii** a fruit? **iii** an apple or orange?

b Which of the events in question 1 are unlikely to occur?

c The probability of the second wheel landing on an orange is 0.2.
i What is the probability of it not landing on an orange?
ii How many oranges would you expect this wheel to land on with 150 pulls of the handle?
iii How many oranges are on the second wheel?

d In 20 pulls of the handle, the third wheel landed on a bell 3 times.
i What is the experimental probability of the third wheel landing on a bell?
ii Estimate the number of bells on the wheel.
iii How could you obtain a better estimate?

2 StarGirl is a handheld electronic game with five levels of difficulty. When a player scores 100 points in one turn, they start the next level.

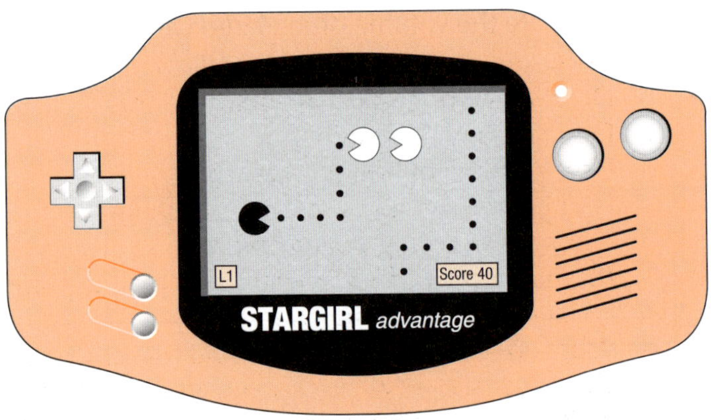

a Marcus obtained these scores on Level 1.

20 0 60 40 80 40 40 80 60 0 100

Calculate these statistics.
i mode **ii** median **iii** mean **iv** range

b At the end of Level 1, Marcus received a bonus of 60 points. Explain how this affects each of the statistics in part **a**.

c This table summarises Marcus' scores up until he completed Level 5.

Score	Number of turns
0	12
20	20
40	45
60	38
80	29
100	5

i What is his modal score?
ii Calculate the total points he scored.
iii Calculate his mean score.

3 Hing Wai conducted an investigation into the amount of fiction and non-fiction adults watch on TV. He asked ten of his teachers these questions.

'How many hours do you spend watching films each week?'
'How many hours do you spend watching documentaries each week?'
His report included this table of results and scatter diagram.

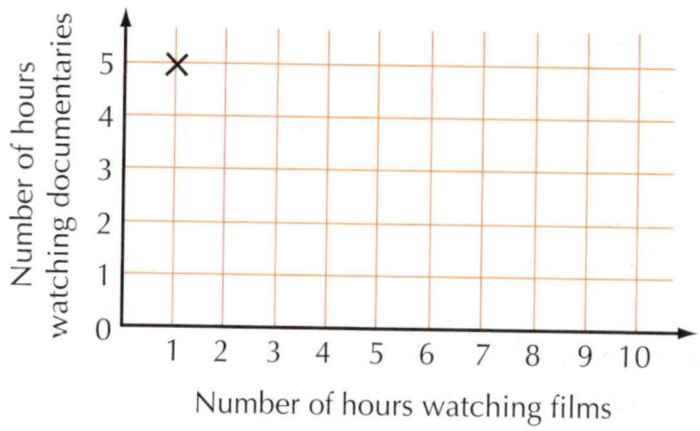

Teacher	Ms Witon	Mr Carter	Mr Singh	Mrs Tenby	Mrs Dean	Mr Chan	Ms Aldridge	Mr Jones	Ms Foster	Mr Phillips
Number of hours watching films	0	1	5	4	3	2	5	3	4	3
Number of hours watching documentaries	4	5	0	2	4	3	3	4	3	2

a Copy and complete the scatter diagram.
b Draw a line of best fit on your diagram.
c Describe any correlation.
d Use your line of best fit to estimate
  i the number of hours spent watching films when $3\frac{1}{2}$ hours are spent watching documentaries
  ii the number of hours spent watching documentaries when 9 hours are spent watching films.
e What conclusion could Hing Wai make, based on this data?
f Give a reason why this conclusion may not be true.
g Write down another useful question that Hing Wai could have asked.

4 The table shows the amounts patients paid when they visited a private dentist.

Cost, £C	**Number of patients, f**	**Mid-class value, x**	$f \times x$
$0 < C \leqslant 20$	5		
$20 < C \leqslant 40$	3		
$40 < C \leqslant 60$	9		
$60 < C \leqslant 100$	11		
$100 < C \leqslant 140$	8		
$140 < C \leqslant 180$	4		
	Total =		**Total =**

a Copy and complete the table.
b Estimate the mean cost of visiting the dentist.

5 The table shows the treatment times of patients visiting a dentist.

Time (t minutes)	Number of patients
$10 \leqslant t < 20$	3
$20 \leqslant t < 30$	12
$30 \leqslant t < 40$	18
$40 \leqslant t < 50$	14
$50 \leqslant t < 60$	8
$60 \leqslant t < 80$	7

a Copy and complete the cumulative frequency table below.

Time (t minutes)	Number of patients
$t < 10$	0
$t < 20$	3

b Draw a cumulative frequency diagram.

c Use your graph to estimate the number of patients treated for:

i less than 30 minutes
ii less than 1 hour
iii between 30 minutes and 1 hour
iv more than 40 minutes.

d Use your graph to estimate the:

i median
ii lower quartile
iii upper quartile
iv interquartile range.

6

Three silver and four orange hot air balloons (otherwise identical) were released at the same time.

a What is the probability that the first balloon to hit the ground is silver?
A prize was given to each child who could guess the colours of the first two balloons to hit the ground.

b Copy and complete the tree diagram of probabilities.

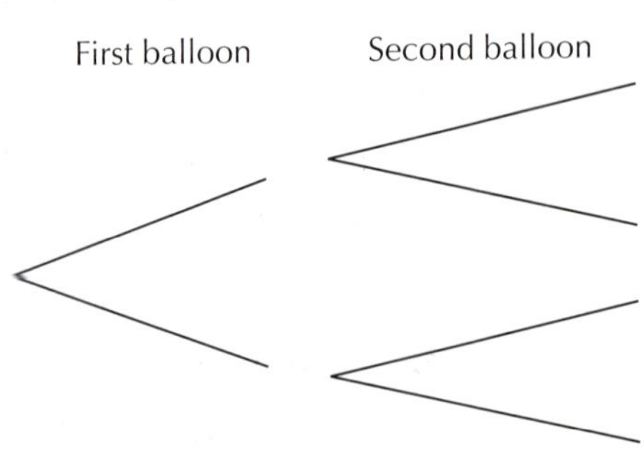

c Use your diagram to calculate the probability that:

i both balloons are silver
ii both balloons are the same colour
iii at least one of the balloons is silver.

d If this game were played 200 times, how many times would you expect a silver balloon to hit the ground first?

CHAPTER 13

GCSE Preparation

Practice

13A Solving quadratic equations

Solve these equations.

1 **a** $(x - 2)(x + 4) = 0$ **b** $(x + 7)(x - 6) = 0$
c $(x + 3)(x + 8) = 0$ **d** $(x - 5)(x - 5) = 0$
e $(x + 3)(x - 3) = 0$ **f** $(x + 4)^2 = 0$

2 **a** $x^2 + 12x + 35 = 0$ **b** $x^2 + 9x + 20 = 0$
c $x^2 + 9x + 18 = 0$ **d** $x^2 + 8x - 33 = 0$
e $x^2 - 14x + 13 = 0$ **f** $x^2 + 4x - 32 = 0$
g $x^2 - 14x + 48 = 0$ **h** $x^2 - 12x + 36 = 0$

Practice

13B Quadratic expressions of the form $ax^2 + bx + c$

1 Expand and simplify each of the following.

a $(2x + 5)(x + 3)$ **b** $(3x - 1)(2x + 3)$
c $(5x + 3)(x - 5)$ **d** $(4x - 3)(2x - 5)$
e $(3x + 2)^2$ **f** $(5x - 1)^2$

2 Factorise each of the following.

a $2x^2 + 5x + 2$ **b** $5x^2 + 27x + 10$
c $3x^2 + 17x + 10$ **d** $2x^2 - 15x + 7$
e $3x^2 + 2x - 5$ **f** $4x^2 - 4x - 3$
g $5x^2 + 18x - 8$ **h** $6x^2 - x - 2$
i $25x^2 - 10x + 1$ **j** $8x^2 + 15x - 2$

Practice

13C The quadratic formula

Solve these equations using the quadratic formula.

1 Solve these, giving your answers as whole numbers or fractions.

a $x^2 + 11x + 18 = 0$ **b** $x^2 - 8x + 15 = 0$
c $x^2 - 3x - 18 = 0$ **d** $2x^2 + 5x - 12 = 0$
e $x^2 + 8x = 0$ **f** $2x^2 - 18 = 0$

2 Solve these, correct to 2 decimal places.

a $x^2 + 5x + 3 = 0$ **b** $2x^2 + 8x + 5 = 0$
c $x^2 - 7x + 1 = 0$ **d** $5x^2 + 3x - 1 = 0$
e $4x^2 - 2x - 5 = 0$ **f** $2x^2 - 10x + 3 = 0$

3 Solve these, giving your answers in surd form, e.g. $\sqrt{3}$.

a $x^2 + 5x + 1 = 0$
b $2x^2 + 3x - 4 = 0$
c $x^2 - 3x - 7 = 0$
d $4x^2 + 3x - 3 = 0$

Practice

13D Completing the square

1 Complete the square.

a $x^2 + 10x$
b $x^2 - 24x$
c $x^2 + 16x$
d $x^2 - 10x$

2 Complete the square and simplify.

a $x^2 + 4x - 4 = 0$
b $x^2 - 6x + 3 = 0$
c $x^2 + 2x - 2 = 0$
d $x^2 - 10x + 23 = 0$
e $x^2 - 4x - 6 = 0$
f $x^2 + 14x + 19 = 0$

3 Solve these equations by completing the square.
Give your answers in surd form where necessary.

a $x^2 - 10x + 21 = 0$
b $x^2 + 12x + 11 = 0$
c $x^2 - 2x - 15 = 0$
d $x^2 - 18x - 17 = 0$
e $x^2 + 6x + 8 = 0$
f $x^2 - 4x - 22 = 0$

Practice

6E The difference of two squares

1 Expand and simplify each of the following.

a $(x - 20)(x + 20)$
b $(2x - 7)(2x + 7)$
c $(x - 5y)(x + 5y)$
d $(3x - 2y)(3x - 2y)$

2 Factorise each of the following using the difference of two squares.

a $x^2 - 169$
b $x^2 - 10\,000$
c $9y^2 - 49$
d $x^2 - 16y^2$
e $25y^2 - 1$
f $36x^2 - 9y^2$
g $100 - 81t^2$
h $25k^2 - 4$

Published by HarperCollins*Publishers* Limited
77–85 Fulham Palace Road
Hammersmith
London
W6 8JB

www.**Collins**Education.com
Online support for schools and colleges

10 9 8 7 6 5 4 3 2 1

ISBN 0 00 713874 1

British Library Cataloguing in Publication Data
A Catalogue record for this publication is available from the British Library

Edited by Pat Winter
Covers by Tim Byrne
Designed and illustrated by Barking Dog Art, Gloucestershire
Production by Sarah Robinson
Printed and bound by Scotprint, Haddington.

The publishers would like to thank the many teachers and advisers whose feedback helped to shape *Maths Frameworking*.